EL modelo de juego del FC Barcelona

バルセロナが最強なのは必然である

グアルディオラが受け継いだ戦術フィロソフィー

オスカル・P・カノ・モレノ 著
羽中田昌 訳

KANZEN

バルセロナが最強なのは必然である
グアルディオラが受け継いだ戦術フィロソフィー

バルセロナが最強なのは必然である　目次

Chapter 2 新たなパラダイム(枠組)がもたらすもの 068

訳者まえがき

筆者のオスカル・P・カノ・モレノ氏が、「バルセロナを理解したいという衝動から書くことを思いついた」という本書は、私の経験と想像をはるかに超えた内容だった。言葉を変えれば思いもよらない内容だったとも言えよう。

私は、これまで幾度となくスカパー！やJスポーツなどでバルセロナの解説を務めさせてもらったが、いつも不完全燃焼だった気がする。精一杯、最高に楽しみながら解説しているが、言い尽くせない感が残り、放送終了後に落ち込むことが多かった。「あー、また決まりきった定型しか言えなかった。なぜバルセロナはあんなにすごいのだろう」

すごさを言葉にできない、もどかしさがあった。だから私も、「バルセロナを理解したいという衝動から翻訳することを思いついた」のかもしれない。

本書はバルセロナを、これまでにない違う視点で語っている。プレーの根底にある目に見えない原理を言葉にしてくれた。また、フットボールの世界では、未だかつて使われてこなかったであろう言葉で、フットボールとバルセロナを紐解いているのだ。

実に面白い、ゾクゾクする。しかし、難しい。いや、難しすぎるかもしれない。デカルト、ニュートン、エドガール・モラン、還元論、機械論、複雑性などの話がバシバシ出てくるからだ。

また、部分ではなく全体を見ることの重要性を説いている。

私は四国高松に本拠地を置く、カマタマーレ讃岐の監督をしていたとき、いつも全体を見ることを心がけていた。

「部分ではなく、全体を見るんだ。鮮明に見ようとすると部分だけがよく見えてしまって、ほんとうの現実は姿を現してくれないよ」

コーチたちには、こんな言葉をかけていた。

実は、これは三軸修正法の池上六朗先生の受け売りである。在京時代、池上先生の勉強会に週一で通わせてもらった。思えば池上先生からはコト・モノの捉え方・考え方について、たくさんの素晴らしいご示唆をいただいた。その経験がなかったら、本書を訳すのはとうてい無理だったかもしれない。感謝である。

それにしてもバルセロナはすごい。２０１０—２０１１シーズンのラストゲームに世界中が魅せられたはずだ。間違いなく私も、その一人だった。

CL（チャンピオンズリーグ）ファイナルにおいて、あのマンチェスター・ユナイテッドを圧倒。試合後、敵将アレックス・ファーガソンはカンピオンをこう称えた。

「現在のバルセロナは私がこれまで見てきた中で、最高のチームであることは間違いない。この試合に関して言い訳を見つけようとは思わない。今まで我々をここまで叩きのめした相手はいなかった。彼らには勝利やプレー内容に酔いしれてほしい。その価値がある」（総合スポーツ情報サイト「スポーツナビ」より）

本書はグアルディオラの1年目のチーム、つまり、いきなり三冠を達成したバルセロナの話が綴られたものだ。あれから2年、バルセロナはさらなる進化を遂げてきた。

守備は確実にレベルアップした。例えばボールを奪われる前の攻撃時に、すでに守備は始まっている。トランジション（攻守の切り替え）という言葉では、もはやバルセロナを語れないのかもしれない。このときのバルセロナのビルドアップの方法はユナイテッドのカウンターアタック封じにもつながっていた。徹底して、あえて速く仕掛けない攻撃スタイルにも息を呑んだ。そして、ビジャのディフェンスライン裏への飛び出し、ペドロの前線からの激しい追い回しなど、新たな要素が加わったのだ。

バルセロナは、新しい要素（プレーやプレーヤー）を組み込み、それを馴染ませチーム力にする術を知っている。このことは、本文の第3章「アウベスが新たな手段を持ち込んだ」の中で2年前のダニエウ・アウベスを例に触れられている。

それでは、筆者オスカル・ワールドへの旅の始まりです。

ごゆっくり堪能してください。

バルセロナ・ソシオ&カンプノウ年間シート会員　羽中田　昌

Introduction
バルセロナの本質に迫るために

「学ぶために一番必要なことは、何を学びたいかを知ることだ」

――ホセ・アントニオ・マリーナ
（哲学者、教育者／スペイン）

「水平線の彼方を思い描くことができなければ、君は行き先を見失うだろう」

――イスマエル・セラーノ
（シンガーソングライター、ギタリスト／スペイン）

「クライフが確立したフットボールを変えるのはとても難しい。なぜならバルセロナでは、それが人々の生活に深く浸透しているからだ。もはや文化の一部になっているとさえ言える。

クライフのフットボールとは攻撃すなわちゲームを支配することであり、そのためにパスをもっとも優先する。スムーズにボールをつなぐためにドライブ（状況を見ながらドリブルでボールを運ぶこと）でパスコースを作り、タイミングを合わせるんだ。さらにパスによってゲームにスピードを与え、前線のプレーヤーが相手と一対一になる状況を作り出す。決して無意味なドリブルなんてしないんだ」

――ジョゼップ・グアルディオラ　現バルセロナ監督
（セリエAのローマ在籍時、バルセロナのプレースタイルについてのコメント）

すべてのフットボールクラブは独自のシステムを持っています。そして、人間は元来、互いに影響を与え合う〝相互作用〟の能力を備えているものです。読者の皆さんも多かれ少なかれ、誰かに影響を与え、また、誰かの影響を受けて生きているのではないでしょうか。これらは紛れもない事実であり、議論を挟む余地はありません。

したがって、クラブを構成しているさまざまな要素やクラブ周辺の環境――たとえば、プレーヤー、コーチングスタッフ、ファン、市民、ライバルチームなど――が相互作用することによって、クラブ独自のシステムが生み出されていると言うことができます。

それはクラブ組織の構築と発展を見れば明らかで、成功を収めたクラブのほとんどが独自の考え方に基づいて運営されています。

スペインの哲学者ホセ・アントニオ・マリーナは、次のように述べています。

「孤立することなく、集団の中で消えてしまうこともない自立した人々の共生を願う。この願いを実現するためには、自立した個人が〝適合ポイント〟を見つける必要があり、つながり合う方法を編み出さなければならない。また相互作用を調整するためには、当事者たちがはっきりとした手法を持ち、納得していることが望ましい」[※1]

バルセロナというクラブチームが、なぜこれほどまでに注目を浴びているのか。その所《ゆ》以《えん》が、彼の主張に集約されていると言っても過言ではありません。

さらに、ここに出てくる〝自立〟について、ヨハン・クライフが残したこんな言葉もあります。

「自分は何のためにプレーするのか、誰とプレーしたいのかを知らなければならない」

フットボールにおける自立の重要性を説く上で、これほど的を射た言葉もありません。

もう一つのキーワードである、〝相互作用〟にも触れておきましょう。相互作用の必須条件とは、互いの了解で得られた成果を正しく評価することであり、心地よさを共有していることです。つまり、有益な結果を歪めるようなマイナスの働きをしてはいけないのです。

さらに言うなら、相互作用とは補い合うことも意味します。補う必要があるものとは、なくてはならないものと言い換えることもできます。

バルセロナの複雑なオーガナイズ（組織すること）を完璧に理解しようと試みるのは実に無謀なことです。なぜなら、彼らのクリエイティビティ（創造性）は予測不能なプレーによって生み出されるものであり、安定した基盤を持ちながら新しさを積極的に取り入れる開拓精神を兼ね備えているからです。母体となるアイデアと新しい特性がつながり合い、自動的かつ連続的にプレーモデルが生産されます。バルセロナのプレーがより複雑化され、多岐にわたっていくのは当然のことなのです。

また、フットボール自体に複雑で予測がつきにくい性質があるので、偶然性が入り込む余地も少なくありません。ましてやバルセロナというチームの本質を見抜くためには、潜在するプレーモデルを突き止める必要があります。

このことを踏まえた上で、バルセロナのアイデンティティとプレーモデルを解析するにはどうすればいいか。それにはまず、次に示した三つの概念上のツールが大前提になります。

①　あくまでもリアルな姿に沿う
②　全体の文脈（バルセロナらしさ）を考慮に入れる
③　表面的なものだけにとらわれない

つまり、バルセロナのフットボールを紐解くには、「一貫性を保ちながら、その現実が要求するレベルに沿う考え方」[※2]が必要になるのです。

　一方で、現象を孤立させるという分析方法でも、バルセロナを深く掘り下げることができます。

　たとえば現実を超越したメッシの突破力。そのメッシが作り出した前方のスペースを手中に収めるアウベスの影響力。センターとサイドの間のスペースを活用しながらシュートゾーンに侵入するケイタとチャビの能力。さらにマルケス、プジョル、ピケらセンターバックはビルドアップの際、前方に効果的なゾーンが見つからなくてもドライブの能力を駆使してパスコースを明確にします。

　しかし、これらの言い尽くされた分析は、本書を執筆する動機にはなりませんでした。だからと言って、バルセロナの根底にある文脈やプレーモデルを理解するために、この古典的な視点を取り除くというストーリーも採用しなかったのです。

　さて、ここで確認しておきたいことがあります。それは、プレーを攻撃と守備に切り離して考えることは、一瞬たりともできないということです。〝一つのことは、もう一つのこと〟と依存し合っていることを忘れてはいけません。また、〝このプレーヤーがチームにとって適切なのか、それともあのプレーヤーのほうがふさわしいのか〟という二者択一的な選択も避けるべきです。

バルセロナを理解するには、一般的かつ古典的な手法だけでは不十分です。なぜなら、従来の手法というのは、相互作用から生じる特性を考慮せず、部分ごとに分けて現象だけを追いかけてきたからです。これではチーム全体の特性に目を向けられず、プレーヤーやプレーなど現象ごとの理解に留まってしまいます。部分と部分の間にあるもの、あるいは相互作用が作り出すものを考慮しなければ、組織の全体像は見えづらくなります。

物理学者であるフリッチョフ・カプラの言葉を借りるなら、「全体の特性の中で、部分が単独で持つものは何もない」[※3]ということになるでしょう。

人が生きる上で感じる複雑さとフットボールにおける新たな考え方を取り入れ、バルセロナのプレーを探求する。それが私たちの真意だということを理解してもらえればと思います。

いつの頃からか、フットボールの世界にも確実性が求められるようになりました。真実を追い求めるために機械論[※4]の影響を受けるようになったのです。

たとえばゲームの最中に起きた現象だけを取り出して評価していると、いつしか対象の差異が広がり、〝そのプレーだけを見て、プレーヤーを見ていない〟状況に陥ります。それはまさに、〝木を見て森を見ない〟ようなものです。それらの部分的な分析の手法は深く考察する力を麻痺させ、最終的には混乱を招きます。

従来の考え方では、フットボールの世界に差し迫る喫緊《きっきん》の要求に応えることはできません。まずは全体的な視野を持たなければなりません。それこそ本書が提案する最も重要なことなのです。

したがって部分よりもそれらの関係性を重視するために、フィジカル、メンタル、コンディショニングといったそれぞれの専門分野の間に横たわる障壁を取り除いていきます。

読者の皆様には本書を通じて、〝体系的で複雑な思考〟をフットボールの世界に組み入れてもらおうと思います。フランスの哲学者エドガール・モランが唱えた原理を、フットボールの世界にはびこる定型を打ち砕くチャンスとして提供するのです。

私たちはゲーテが残した次の言葉によって、一歩前に押し出されました。

「すべてを総合的に理解し全体の文脈を引き受けない限り、分析そのものだけでは利用価値はない[※5]」。

つまり、一つひとつを、全体（チーム）から分離されていないものとして見ていくのです。

全体像を切り離した乏しい認識力では、バルセロナのプレーモデルを明らかにすることはできません。それはまるで、パズルのピースがその役割を忘れてしまうのと同じことだと言えるでしょう。

目に見えるものから見えていないものへ――。

建築に例えるなら、建物と地面をつなぐ土台に目を向けていきます。まずは〝バルセロナの秩序〟を覆っているベールを取り払い、そこから私たちに衝撃的な感情を呼び起こしてくれるプレーの数々を紐解いていきたいと思っています。

本書では、フットボールにおける〝古典的なパラダイム（これまで私たちの思考を拘束してきた枠組みや価値観）〟の影響を明確にした上で、組織の全体像を探ることから始めています。バルセロナのプレーモデルをほかと区別している「安定した特徴の集合[※6]」とは何か、バルセロナとほかのチームのプレーを差別化しているものは何か、ということを明らかにしたいと願っています。

また、本書の内容を理解するにあたって、二つ注意してほしいことがあります。

一つ目は、プレーヤーの個人的評価だけを追求してはいけないということ。なぜなら相互作用という観点で考えると、フットボールのゲームの中に〝個人のプレーは存在しない〟からです。

プレーヤーが相互作用（成果を正しく評価する、互いに補い合う、を前提条件とする）を活用できたとき、初めてプレーモデルは意味を持つものとなります。

それからもう一つは、正しい先発メンバーを選ぶ能力を持った監督に対して、不当な評価を与えてはいけないということです。ゲーム中に起こるであろうことを、先発メンバーだけを見て予測することはできません。先発メンバーを選ぶということは、あらゆる関係性を考慮した一つの芸術でさえあるのです。

ところが現代においては、数値データだけを参照すれば、プレーヤーやチームのパフォーマンスをより正確に評価できると多くの人々は思い込んでいます。

「フットボールは完璧なゲームだ。なぜなら人間の複雑さをすべて明らかにするからだ。科学的に改善しようとするのは馬鹿げたことだ[※7]」というホルヘ・バルダーノ（元レアル・マドリードGM）の言葉もあります。しかし、最先端のことばかりに時間を費やし、フットボールの本質から決定的に遠ざかっているのが現状なのです。

この状況を正す表現で、グアルディオラの親友であり、スペインリーグの数々のクラブで監督を歴任したリージョの一言に勝るものはありません。

「プレーヤーのことを知り、そのプレーの可能性を知る。その人を監督と言う[※8]」

監督が果たす役割とは、私たちが勝手に正しいと思っている基準をプレーヤーに押しつけることではありません。言うなれば一本一本の糸から布地を織り上げる作業がスムーズに行われるよう手助けすること、ただそれだけです。

どのチームでもゲームで示される基本的な特徴は、監督が考え出したものとは程遠いものとなります。むしろプレーヤーの手によって作られるものと言えるでしょう。したがって、監督のインスピレーションの源は、チームのメンバー間での「関係性を整える」[※9]ことにあると言えます。さらには、プレーヤーに隠れた特性を意識させ、連帯への参加が力を生み出すことを感じさせることにほかなりません。

イントロダクションの最後に、バルセロナを理解したいという衝動から書くことを思いついた本書は、あくまでもフットボールの具体的な現実に沿って考えていることを記しておきます。

見解の筋道をわかりやすく示すために、表や図も採用しました。さらに、記事やコラムなどに掲載された関係者の発言も使用しています。

トレーニングや試合中のプロセス、あるいはそのプレーによってもたらされるもの、それらをできるかぎりコントロールしつつ、避けようのない偶然性をうまく利用することが、チームの財産を増やすことにつながります。

結局のところ、目の前で起きていることを理解しようとする努力こそが、監督の責任と最も正しい形で向き合うことではないでしょうか。ピッチで起こり得る問題の多くは避けることができません。少なくとも起きてしまったことを直ちに認め、将来の経験にプラスになるために本書を利用していただければ幸いです。

バルセロナの魅惑のフットボールを見れば、〝美学と効率〟が両立したチームであることがわかるはずです。中には〝美学と効率〟を分けて分析したがる人もいるかもしれませんが、私たちは〝観察〟という手法でバルセロナの規則性を見定める努力を進めていきます。読者の皆さま一人ひとりが求めている厳格さに襟《えり》を正しながら、その観察を集団から個人に、またその逆へと移していきます。

しかし……。

もしも皆さまの望みが完全な結論を導き出すことであれば、本書はふさわしいものではないかもしれません。誤解を恐れずに言えば、ここに書かれていることはバルセロナの世界観を補足するだけのものにすぎず、そこに限界はないからです。

すべての知識、それは未完成なのです。

PART 1

バルセロナのフィロソフィーを解明する

「現実を知る、評価の術を得る。そして、その中に可能性と手段を見出すことができたとき、我々は真の自由とインテリジェンスを手に入れることができる」

――――ホセ・アントニオ・マリーナ（哲学者、教育者）

「我々の思考を左右する不条理なこと、始終つきまとう見せかけのトピックス（出来事）、偏見（バイアス）、先入観、定型、偽りのパラダイム、常套句などを明らかにし、自覚することは容易な仕事ではない」

――――マテオ・J＆バジェ・J

「記憶というのは、言うなれば都市のようなものである。すべての都市がそうであるように、時間とともにその様相を少しずつ変えていく。人はいま取得している新しい情報で、過去に起きたことを修正する傾向がある。別の視点から過去を思い返すとき、小さなきっかけが、引っ張り出された記憶を大きな喜びにすることもある。

過去の出来事を前回とは別の解釈で思い出すとき、記憶の上に新たな解釈が上書きされ、記憶の変化が起こる。過去に起こった事実を変えることはできない。しかし、どのように記憶に残すかは我々次第で変えられるのだ」

――――マテオ・J＆バジェ・J

Chapter 1
古典的なパラダイム（枠組）で捉えてはいけない

「我々の教育システムは結びつけることや統合することよりも、学問の分野を分け、学習する対象を周囲から孤立させ、関連のある複数の問題を分離して考えることを教える。そして、このシステムは複雑なものを単純化することを命じる。つまり、結びついたものを引き離し分解するが、組み立て直すことをしない。また、矛盾や混乱を引き起こすすべてのことを排除してしまう」

――エドガール・モラン
（哲学者／フランス）

「虚しさが襲えば襲うほど、我々は妥協しない態度を強める。不確実なことを目の前にして後ろを振り返り、自分たち自身の中に避難しないために。
我々の確実で満足気な行動や安定した発言は、自分自身を納得させる力を奪う。そして、自分が後退し永遠に未完成であることを露呈してしまうことを恐れる。我々は、このような態度に決して妥協することなく抵抗し続けるのだ」

――セルヒオ・ネストル・オソリオ
（人文科学者／コロンビア）

人間は不安から逃れるために、確実性を求めて生きています。

真理という言葉を、過去から今日に至るまで人々は求め続けてきたのです。

しかし、多くの研究によって、真理には近づくことしかできないことがわかってきました。よって人類は常にストレスを感じてきたというわけです。

完全なる満足とは、真理に到達することでしか得られません。それが不可能であれば、満足感を得ることを目的とするモデルをつくりあげることで、そのジレンマを解消しようとします。

人類は思考や考察よりも、不安を取り除いてくれる確実性を優先してきたのです。

教育の分野においても、確実性を求めるあまり〝原因が結果を引き起こす〟という一方向で閉鎖的な思考が優先されてきました。

また、私たちはモノゴトを数値に置き換える傾向があります。測定できなければ、そのモノゴト自体を拒絶することすらあるのです。偶然によって起きる不確実なものやランダムなものを排除し、無秩序に見える状況を切り捨てようとしてきました。

ある調査によると、「人は決定を下すとき、そのプロセスにおいて決定の真偽を疑う。また、その決定が完璧であることを支持する要素も探す。一方、決定が完璧ではないことを裏づける要素は無視される」[※10]という報告があります。

繰り返しになりますが、私たちは偶然性やランダムなものを取り除き、原因と結果という単純なプロセスを信じ込むようになりました。最終的に私たちは規則正しさと安定性が支配する世界の住人として、秩序と無秩序は相容れないものと思い込むようになったのです。

古典的なパラダイムは、すなわち確実性への欲求を満たすために、すべての対象を単純化する方向へと向かわせました。あらゆるモノゴトをより深く理解するために、集合を単位ごと、構成ごと、部分ごとに分けようとする傾向があります。これは、包括的に考えるよりも分析が有効だとみなす行為で、「我々は、我々が理解できる単純なモデルにぴったり合った現実のほうを好む」[※11]という言葉がそのことを明らかにしています。

原因をコントロールして未来への影響を予測するという強い欲望を妨げないようにするには、明確なデータが必要になります。偶然と関係のある要素をデータからすべて取り払うことによって、よりいっそうの安心感を得ることができるのです。

フットボールの世界でも全体を細分化することで、それぞれの分野に精通した専門家が必要とされてきました。専門家というのは、各分野が孤立してほかの分野との関連を持たない状態にあって、はじめて存在意義を得ることができます。フィジカルコーチ、メンタルトレーナー、コンディショニングトレーナー、栄養士など専門分野のプロとしての権限が、こうして与えられたのです。

そこに内包する問題は、彼らの多くがフットボールと無関係な文脈から専門家としてのセオリーを構築しているということです。その上、プレーヤーを構成する要素（たとえばフィジカルとメンタルなど）の相互作用を考慮していません。つまり、多くの専門家はプレーヤーの特性をバラバラに理解していると言えるのです。

この思考モデルは、最終的に文脈を細かく切断しながら、それぞれの要素を解釈しています。部分間の相互作用や、あるいは相互作用を持つ要素としての理解ではありません。全体に属していることを重要視せず、分析するために独立したモノとして要素を理解しているのです。

文中では、機械論、確実性、分析、単純（一方向的）な思考、還元論、決定論、分離といった言葉を示していきますが、これらは伝統的なイデオロギーを再確認する際に多大な影響を及ぼすコンセプト（概念）となっています。また、デカルト的心身二元論、ニュートンの機械論、ラッセルとウィトゲンシュタインの原子論などによって保護され、意識をする・しないに関わらず、私たちの振る舞いの中に定着していることは言うまでもありません。

さて、そろそろ読者の皆さんは、「フットボールの話はどこに行ってしまったの？」と尋ねたくなる頃ではないでしょうか。

心配はいりません。次のセクションから、いまだに私たちの認識を規定し、行動を管理している古典的なパラダイムを確認しながら、フットボールが古典的なパラダイムによってどのように認識され、位置づけられているかを掘り下げていきます。

I-1 細分化しては全体像が見えない

「機械論的な見地において、世界は客観のコレクションである。それらの関係性と相互作用は副次的なものでしかない」

——フリッチョフ・カプラ（物理学者／アメリカ）

トレーニングを包括的に行いたいという欲求を満たそうとすると、「いまだに還元論と区別が支配する[※12]」社会に属していることを意識させられます。なぜなら、観察したい事柄の全体像を鮮明に見るために、私たちは細分化することから始めてしまうからです。そうすると、たとえそれらが部分的な説明でしかなくても、チーム全体の問題を解決したような錯覚に陥ります。世界をバラバラにするこの手法は、次の考えにも通じるでしょう。

「システムや組織を部分の単なる総和として理解している。それゆえ、そのシステムや組織の説明は構成する要素の単位にまで還元することで成り立つ[※13]」

フットボールの世界でも、ライバルチームや自チームの戦力を評価する、またはプレーヤーを評価するために、分析的な視点に立った手法を採用することがあります。くどいようですが、この視点は〝システムの理解は最も単純なパーツや構成する基本単位へ還元することによって成り立つ〟というものです。

分析的な視点に立つということは、基本要素を結びつけているものを排除することでもあります。つまり、ある一つの要素を考えると、その特性は単体で持っているもので、相互作用とは関係なく発生するとみなされているのです。よって、要素の振る舞いは孤立したものと認識され、ほかとの関連性を考慮に入れる複雑性の概念は省かれます。

◉攻撃と守備が分けられてしまっている

「チームの守備は改善したが、攻撃では改善すべき点が多々ある」

――ファンデ・ラモス　レアル・マドリード監督時代
（レアル・マドリード対マジョルカ戦終了後）

「チャンスをつくり出して、ゴールを決めるといった攻撃面は機能している。しかし、守備面がまだ機能してないので改善していきたい」

――チキ・ベギリスタイン　バルセロナTD時代
（バルセロナが3試合連続で勝てなかった後のインタビュー2009年3月3日、エル・ムンド・デポルティーボ紙より）

フットボールに関するあらゆるコラム、記事、インタビュー、記者会見、または自分自身の見解などを思い出してみてください。そこには一つの共通項があります。それは、試合中のどのフェーズ（局面）においても攻撃と守備が常に分かれている、ということです。攻撃と守備はそれぞれが独立した存在であり、同じ現実を構成しているとは、とうてい思えないような感覚に私たちは陥っています。

それもそのはずです。私たちが理解するために用いてきたモデルは、ボールを保持しているときのプレー（攻撃）と、ボールを保持していないときのプレー（守備）を、対立するものとして二つに分けているからです。

さらに掘り下げていきましょう。攻撃と守備の各フェーズの下にあるサブフェーズの話もしていきます。もちろん、このサブフェーズも全体の一部分をなしています。

たとえば攻撃というフェーズの下に、カウンターアタックというサブフェーズが存在します。では、その状況下にあるチームの主たる狙いは何か。それはもちろん、相手の守備システムが再び整う前（ボールを奪った瞬間）に自分たちがゴールへと近づく効果的な状況を見出し、オープンスペースに素早く侵入して相手が混乱する瞬間を大いに利用することです。

また、相手の守備がすでに整いオーガナイズされたサブフェーズの場合では、カウンターアタックとは別の方法をとる必要があります。ゴールへ近づく状況をつくるために、相手の守備から安定を奪い、混乱させる必要が出てきます。

どちらのサブフェーズも「ピッチのどの場所で、どの瞬間、どのような形でボールを奪えたか、という条件に左右される[※14]」ということはご理解いただけるでしょう。

逆にボールを保持していないときは、守備をオーガナイズする必要性に迫られます。守備のオーガナイズとは通常、守備ブロックを建て直して後退することですが、状況に応じて「その守備がどのようになっているのか?」「意図的に発展できる状況にあるのか?」

など、サブフェーズが区分して現れます
　このように、「攻撃から守備、またはその反対の守備から攻撃という連続した相互関係はポゼッションの交代の中で絶え間なく変化しており、様々なプレーのサイクルを引き起こしている」[※15]のです。

　サブフェーズをより細かいレベルで分割することも可能です。その分割の中でまた部分的、連続的に目的を設定することができます。すると、「ゴールを奪う、ゴールを防ぐという上位の目的のための中間的な目的を設定する」[※16]ことができるのです。

　どういうことかというと、攻撃に関しては「攻撃を組み立てる」「フィニッシュの状況を作りだす」「首尾よくフィニッシュする」。守備に関しては「相手チームのシュートを防ぐ」ほかに、「相手が作り出す攻撃の形、あるいはフィニッシュの状況を阻止する」という中間目標を設定します。

　私たちにとってのフットボールとは、すでにあらゆる面で分割されているのです。つまりフットボールを観察していると同時に、分割されたものを観ているということになります。はじめから全体を観ているわけではありません。そして、このように観察することが賢明であり、より確かなことだと信じているのです。

　全体を分割することで成り立つ分析方法は、「大きなシステムを構成する要素、あるいはサブシステムを知るために非常に役に立つ」[※17]ものとなります。グループによるプレーを一つのシステムと解釈すると、フェーズとサブフェーズは、「システムシンキング」[※18]に関する書籍の共著者ジョセフ・オコナーとイアン・マクダーモットの、「上位システムとサブシステム」という言葉に置き換えることができます。

前述した〝プレーのサイクル〟という言葉は、本書の中核を担うバルセロナのコンセプトを理解するための手がかりになります。

攻撃から守備、守備から攻撃へと絶え間なく変化し続けるプレーのサイクルを、大きなシステム（体系）に属するものから切り取るという単純な行為であるかもしれません。あるいは、それが不完全な表現や区分であったとしても、バルセロナのプレーモデルを理解するための助けになるはずです。

大事なテーマでもありますので、〝プレーのサイクル〟についてはＰＡＲＴ２でも精査していきます。その際、「理解のためにすべてを分けたがる欲望は、とても人間的なものだ」[※19]という考え方を前提として、〝現実を体系的に理解する〟、〝複雑性のパラダイムの思考を取り入れる〟の２点を基本的なコンセプトとすることを先に記しておきます。

◉プレーヤーの能力を解体してはいけない

「カカはファンタスティックな高い技術を持っている。知的であり、強さと速さも持っている。マンチェスター・シティーで彼と一緒にプレーできることを期待している」

――ロビーニョ　マンチェスター・シティー時代
（カカがマンチェスター・シティーに移籍するという噂に対して、自身のＨＰでのコメント）

次の記述は、スポーツ選手の構造に関するパコ・セイルーロの概念です。ご存知の方も多いと思いますが、彼はバルセロナのフィジカルコーチです。

「スポーツ選手を構造的に見ると、フィジカル、コーディネーション、社会性と情緒、感受性と意志、創造性とテクニック、認識力（判断）、メンタルなどの側面がある。これらの側面の相互作用やフィードバックのプロセスによって形成された多元的な構造がスポーツ選手なのだ。目に見えない相互作用やフィードバックのプロセスこそ注目すべきである[※20]」

いかがでしょう。この主張に反して、人間をさまざまなパーツで組み立てた機械のように捉えてはいないでしょうか。フットボールのプレーヤーも同様に、これらの構造的側面をバラバラにして存在することはできないのです。

では、構造的側面について細かく見ていきましょう。アイバール・ベハラーノとＪＪ[※21]によるフットボールプレーヤーの評価を参考にすると、次のように理解できます。

フィジカル　パワーや持久力、フィジカルに関わるコンディション。

コーディネーション　動きやすさと動きのコントロール（協調運動）。

社会性と情緒　人間同士の関係において気を配る能力。

感受性と意志　行動の一つひとつが意味していることを感情面から特定する。また、取り決めを実行するためにどのような傾向を維持するのかを特定する。

創造性とテクニック　最も独創的で心の奥にある面を伝え、ピッチ上で個人的〝自分〟を造り上げる。

認識力（判断）　情報を扱う能力（情報処理能力）。

メンタル　プレーにおけるリスク対応の仕方。

フットボールプレーヤーはこれらの構造的側面による相互作用とフィードバックを経て、極めて複雑な構造となっています。パコ・セイルーロの指導の下、バルセロナのコーチングスタッフはそのことを認識しつつ、プレーヤー自身が省察を繰り返しながら成長していくプロセスを大事にしてきました。このことが、バルセロナの特徴を生み出す一つの要因になっています。

しかし残念なことに、日常にまで深く入り込んでいる古典的なパラダイムの影響は、パコ・セイルーロが言う「目に見えないプロセス」を無視しているのです。彼はこうも言っています。

「わたしたちが伝統的にプレーヤーの能力と呼んでいるものは、チームを組織する中で起こるプロセスの一部分の評価にすぎない[※22]」

このように、監督の多くは一つひとつの側面を別々に伸ばすことを優先し、その総和を最終的なプレーヤーの能力として評価しています。つまり、各側面の能力だけでプレーヤーを理解し、相互作用やフィードバックがもたらす結果は無視しているということになります。指導する際もプレーヤーのフィジカル、テクニック、戦術、メンタルのどれか一つか二つの側面だけを必要とし、それぞれの側面を単独で向上させようとしているのが現状です。

さらに言うならば、専門家と呼ばれる人たちの世界では、前述した相互作用やフィードバックを考慮しない判断を積み重ねてきたところがあります。

以下のようなコメントもよく耳にします。

「フットボールプレーヤーも一人のスポーツ選手であり、それが最も重要なことである。忍耐強くプレーし、また、走るためのフィジカルを完璧にするべきだ。そして、プレーヤーはフィジカルの調子を上げると、フットボールも上達しているという期待を胸に抱くようになる」

つまり、さまざまな構造的側面の総和によって形成されているはずのプレーヤーを、フィジカルという側面だけで評価している傾向があるということです。

一方で、「特定のプレーヤーは、自身を構成している側面の一つを、他の側面よりも多大に利用する」、というラウール・カネーダ（レアル・ソシエダのヘッドコーチ）の意見には賛同します。

たとえばプジョル、アウベス、ケイタは、フィジカルが彼らのプレースタイルを形成する上で重要な側面を占めています。また、チャビ、イニエスタ、ピケはコーディネーションと認識力を大切にする傾向があります。

注意しなければいけないのは、すべてのケースとプレーにおいて、どの側面も排除されることは決してない、ということです。

◉数値化することで安心してはいないだろうか

「我々は数値で評価することを基本にしている。数年前まではできなかったが、今ではGPSを使ってピッチのどこを走っているかを知ることができる。心拍数を正確に計測するための脈拍計があり、サンチャゴ・ベルナベウに設置されている7台のカメラは大量のデータを計測している。プレーヤー全員の情報を処理し、彼らをコントロールしなければならない。例えば、ラウールが1日に走った距離やゲームに出場した時間、1年間にゲーム中に走った距離、その速度なども知ることができる」

――ワルテル・ディ・サルボ　レアル・マドリード フィジカルトレーナー時代（2007年7月30日　AS紙にて）

確実性へと結びつける意識が、モノゴトを単純化して考えようとすることにつながっています。そうして、私たちの意志は数値化できるものに屈してきました。

フットボールの世界はバイタリティに溢れ、なおかつ修正と変化を繰り返しながら進化しています。そうしたダイナミックなシステムをコントロールし、プレーヤーの知的活動から生み出される判断や感性の由来を探ることは、実に複雑で奥深い作業であると言えるでしょう。それなのに数値が示すままに、関係性や相互作用などの多様性を切り捨てたとしたら、その作業はよりいっそう難しいものとなるに違いありません。

幸いにも、プレーヤーの本質を解明する装置はいまだ存在しません。なぜなら、そこには感情が司る心身の状態が大いに影響しているからです。私たちの欲求を満たす決定的なデータを得ることは不可能なのです。不確実性を執拗なまでに排除して、パス成功数、走行距離、ボール奪取数など、無数の統計で理論武装する――、つまり、身を守ろうとしているだけにすぎないのです。

こうした数値は、絶えず変化するフットボールの質的な部分に触れることはできません。しかし、トレーニングの長さや負荷の確認、また、現在では監督の威信を高める上では役に立っていると言えるでしょう。

たとえば、リージョはこのように言っています。

「監督は数値で表れることをトレーニングさせている。特に測定可能な数字や文字に注目している。それは数字が監督の心を落ち着かせるからだ。そして、このことは監督自身を正当化するためのもので、プレーヤーやプレーの真の必要性からは遠ざかっているだろう[※23]」

測定器で得た乳酸値のデータを有効に扱えることは、監督を評価する尺度にもなっています。そのため、プレーヤーの走った距離を記録しておけば、監督は優越感に浸ることができるのです。ましてやパワーを強度と時間で分類した、ハイパワー、ミドルパワー、ローパワーで記録すればなおさらです。

フィジカルは数値化しやすいので、その視点からチームをプランニングし、プレーヤーのパフォーマンスを評価することがあります。その上、試合で生じるジレンマをも、診断しようとするのです。

たとえば、数値は敗戦を正当化するときの決まり文句として使われます。「機敏さに欠けていた」「疲労がたまっていた」「スピードが違った」などというコメントを頻繁に耳にするのはそのためです。

あるいは成功を収めた場合も同様です。「フィジカルトレーニングを完ぺきに遂行した」「チームは今、好調のピークを迎えている」などがそれにあたります。

仮にフィジカル・コンディションだけで勝敗が決まるとすればどうでしょうか。試合がある1週間ごとにプレーヤーのコンディションがめまぐるしく変化することになります。しかし、現実にそんなことは起こり得ません。

さて、この章のはじめに「フットボールの話はどこに行ってしまったの?」と書きました。今度はそろそろ、「ボールの話はどうなったの?」と尋ねたくなっているのではないでしょうか。

心配はご無用です。ボールに直接関係のある内容は、読者の皆様により深くフットボールを理解していただけるよう、この後に取ってあります。

フットボールへの疑問は、永遠に続きます。たとえば現時点で最高レベルの本を書き終えたとしても、新たな疑問がたちまち湧き起こってくるものです。

◉プレーだけを抽出する危険性

「3トップのセンターでプレーするほうが好きなのは本当だけど、左サイドでもプレーできる。でも、今年は昨シーズンとは違ってゴールを決めたいんだ。僕の頭には、ゴールを決めることしかない。それが目標だよ」

――ティエリ・アンリ　バルセロナ時代（2008年5月22日　スポルト紙にて）

「ヘタフェ時代は前へ前への連続だった。しかし、このクラブ（アトレティコ・マドリード）に来てから役割が変わったんだ。まずはディフェンス。その後で、もしいい形であれば攻撃に参加する。冷静さを失わずにプレーし続けたら、おそらくヘタフェ時代のような活躍ができると思うよ……。そう願うね」

――マリアーノ・ペルニア　アトレティコ・マドリード時代

（2009年2月11日EFEにて　古巣のヘタフェ戦を前に）

プレーヤーの資質を、分割することによって決める傾向があります。分割とはゲームの中からプレーだけを抽出することであり、そのプレーはプレーヤー同士の相互作用から切り離して考えられています。多くの場合、プレーヤーが持つ本来の能力は尊重されていません。

また、プレーヤーのタイプを分析するために特定のポジションがさらに細分化され、新たなスペシャリストを生み出しています。同じハーフというポジションでも、ディフェンシブハーフとオフェンシブハーフという分け方をするのがその一例です。ようするに、本来はゲームの局面を形容する言葉が、ポジションを分割するために使われているのです。

そもそも人間というのは、自然の摂理の下に作られたピースの集合体です。それにもかかわらず、ピースだけが取り出されて、全体とはかけ離れた存在になっています。

クラブがプレーヤーと契約するときも、同じようなことが言えます。プレーヤー個人のインテリジェンスは、集団には依存しない別物として考えられがちです。また、個人のプレーは単独のものとして捉えられ、ほかのプレーヤーには影響を与えないことが前提となります。

周りとの関係を考えずに先発メンバーを起用することは、ただの陳列にしか過ぎません。次の的外れな言葉も、このような状況下で生み出されたのではないでしょうか。

「オレはファイターだ。ボールを奪うために、ここにやって来た」

——ラス・ディアラ 現レアル・マドリード
（レアル・マドリード移籍直後のコメント）

たとえば、チームがフォワードを一人補強したいと考えたとき、注目されるのは往々にしてそのプレーヤーが獲得したゴール数だけです。チームメイトとの関係性から生まれる可能性が評価されることは、まずありません。

プレーヤーの注目される評価ポイントは、おおよそ次のようなものになります。

・技術的な特性（パスがうまい。空中戦に強い。一対一に強いなど）
・戦術的な特性（ディフェンスをする上で常に正しい選択ができる。同じラインの仲間を注意深くカバーできる。巧みに相手のマークを外す）
・フィジカルの特性（速い。肉体的に我慢強い）
・精神的な特性（サポーターからのプレッシャーに耐えられる。大事な場面で動揺しな

い）

これをどのように捉えればいいでしょうか。

注目されているのは規律を守れるかどうかと数値というわけです。総合的、チームメイトとの関係ということの重要性はあまりにも軽視されているのです。

1-2 代表でメッシの力を発揮させることができるのか

「いつかアルゼンチン代表のユニフォームを着て、バルセロナで見せているようなすばらしいプレーをしてほしい。このような強迫観念にも似た衝動を、マラドーナはいつも抱えてきた。だからことのほかメッシを可愛がるのだ。彼はフランスの通信社にこう語っている。『ゴールゲッターとしてほしい。パサーとしてもほしい。すべての役割でほしい。彼の一番得意なポジションはバルセロナでやっている右サイドだ。ボールをもらいに下がって来て、中盤で姿を現す』と。また、『メッシが一番本領を発揮できるのはこのポジションだ』と繰り返している。

南アフリカワールドカップが1年半後に迫り、アルゼンチン代表のマラドーナ監督は、今まで以上にメッシにぞっこんのようだ。アルゼンチンの全国民が、バルセロナで活躍しているメッシを見たがっている。マラドーナには失敗は許されない。『もし、あなたが代表監督で、彼が右サイドで最高のプレーをしているのに左に置いたら、あなたは頭がおかしいと思われるだろう。彼が最も気分よくプレーできるポジションに置いて、彼が要求するスピードでパスを出す。彼が望む形でプレーさせるんだ』とも強調した」

（２００９年２月10日　エル・ペリオディコ紙より）

デカルトの合理主義的な考え方の魅力は、プレーを厳密に把握させてくれることです。プレーが作り出す文脈は分析によって破棄され、フットボールのコンセプトから外されます。

「科学は複雑ではない状況を設置するために、それを取り巻く複雑な環境から対象を抽出する[※24]」。しかし、この場合の問題点は、「モノを分類、独立させて観るパノラマは、気が遠くなるような変化との調和によって整っているパノラマではない[※25]」ということです。

個々のプレーヤーが能力を発揮するときに示される文脈は、そのパフォーマンスを定義する基準には加えられていません。また、チームメイトの特性によってそのプレーヤーの活躍が条件づけられるという、組織が引き起こす状況とも分けて考えられます。

つまり、ある一人のプレーヤーが特定のパフォーマンスを見せたとしたら、たとえチームが変わっても同じようにできるものだと想定しているのです。新しい環境で誰と関係するのか、ということは考慮されません。そうすると、大活躍していたプレーヤーが、シーズンが変わると著しくパフォーマンスを落とすということがよく起きます。まるで別人のようになってしまうのです。

本来はチーム全体の需要がプレーヤーの生産性を決めるはずなのに、コーチ陣は多くの時間を割いて別の方向から能力が落ちた原因を探っています。

往々にして、その結論はフィジカルやメンタルの弱さ、モチベーション不足と結びつけられます。プレーヤーと周囲との関連性はほとんど無視されるのです。

その例として、アルゼンチン代表監督のマラドーナは、メッシについてこのようなコメントを残しています。

「ほかのプレーヤーとの違いを見せ、相手チームを崩せるメッシの能力をうまく利用することが目標の一つだ。それにはバルセロナでプレーしているのと同じ形でメッシを使うことが大切なんだ」

さらに、「バルセロナでプレーしているときと同じポジションで起用する」と宣言したのです。

アルゼンチンのユニフォームを着たメッシは、バルセロナのチャヤビ、イニエスタ、マルケスとは違う特徴を持つプレーヤーたちに囲まれてプレーすることになります。アルゼンチン代表のマスチェラーノ、ガゴ、アグエロらのプレーの特性に左右されるのです。

マラドーナの言葉が何を意味するのか、もうおわかりでしょう。

ここで二つのチームのコンセプトを比較するようなことはあえてしません。また、どちらのチームがよりメッシの能力を引き出せるかについても触れません。アルゼンチン代表とバルセロナ、このスーパースターが二つのチームで見せるプレーの共通点を書き出すのは不可能ではありませんが、非常に難しい作業であることに間違いはないでしょう。

私たちが決して忘れてはならないこと――。

それは、「私たちは全体の中の一人であり、お互いの関係性を持つ集合体である[※26]」という考え方です。周囲との統合の中にあることを尊重すべきなのです。

1-3 従来の補完性の考え方

「ダニエル・デ・ロッシとアルベルト・アクイラーニは、お互い違うタイプのミッドフィルダーであり、お互いを生かし合っている。イタリア代表と同じくらいに、ローマでも重要な存在だ。デ・ロッシは現代のフットボールにおける伝統的な守備的ミッドフィルダーのスペシャリストであり、一方、アクイラーニはファンタジスタと呼ばれるプレーヤーに近づいている」

——M・マラゴン
（ジャーナリスト）
2008年4月2日 Marca.com にて

全体像を考えずに具体的なプレーの局面（攻撃と守備）だけでプレーヤーの役割を決めると、相反するプレースタイルを持った者たちを結びつけることが主流になってきます。速くて強いタイプのプレーヤーと、ミッドフィルダーにしっかりボールを配給できるセンターバック。相手からボールを取り返すタイプと、味方にボールを配給できるミッドフィルダー。これらは戦える先発メンバーを選ぶ原則になっていると言ってもいいでしょう。

異なるタイプのプレーヤーが均衡を生み出すことが戦術的な原則になっています。プレースタイルが似ていることよりも、相反する見解を導入することで秩序を見つけようとするのです。

後ほど詳しく見ていきますが、たとえ相反するプレースタイルであっても、強い影響力があればプレーヤーのレベルを引き上げることは可能でしょう。しかし、集団における関係性を重視するのであれば、似たような考えでプレーできる者を先発メンバーとして並べることがふさわしいのです。

マテオとバジェが「似た物は似た物を引きつける[※27]」と書いていますが、必要性や感受性が似た者を一緒にすると、相反するモチベーションを寄せ集めたときよりも結果としてずっと調和が取れたものになるのです。

ホルヘ・バルダーノは、欧州選手権2008のスペイン代表の戦い方を通して、異なるタイプのプレーヤーによって補完しようとする方法の欠落した部分を指摘しています。

「たとえばディフェンシブハーフとオフェンシブハーフの関係性にある一人が均衡を破って飛び出すと、もう一人のプレーヤーが守備のバランスを取らなければいけない。スペイン代表は、そのフィフティ・フィフティの役割分担を避けた。なぜなら状況は刻一刻と変化しており、最終的にはプレーを明確に区分することなどできないからだ。

また、スペイン代表は高さの勝負を捨て、数値では表せないチームに変貌を遂げた。似たようなタイプのプレーヤーを投入したのだ。もしもイニエスタがパワープレーやドリブル突破で相手を崩すスペシャリストにボールを預けたら、おそらく二度とボールは戻ってこないだろう。つまりプレーの役割分担なんてことはあり得ない。プレーを分割することなど、決してできないんだ[※28]」

この発言は、従来のフットボールにおける補完性を見直すきっかけを与えてくれました。そして、類似性から出発することが補い合う可能性を高めるということを、スペイン代表の成功を通して確認できたのです。

1-4 ただ順守するだけの原則はいらない

「同じタイミングで何度も両サイドバックが駆け上がった試合のあと、アラゴネス監督はカプデビラとセルヒオ・ラモスに注意を促した。『二人が同時に前に上がってはいけない。一人が上がるときはもう一人は後ろに残らなければならない』と。するとその結果、サイドバックの二人は、一度も攻撃に参加しなくなってしまった。いったいなぜそんなことになったのだろう。もちろんアラゴネス監督は、もう少し前に上がることを指示した。すると、哀れなセルヒオ・ラモスは混乱してしまったのだ。サイドバックが自分のポジションにおける原則も知らないなんてどういうことだ？　理解できないね」

（２００８年６月17日　マドリダダスのブログより）

フットボールというスポーツは、決定論[※29]に囚われています。また、それはフットボールという定型にも陥っています。

たとえばこんなことがあります。一人のプレーヤーが独自の判断でプレーした場合、それは厳罰に値します。実際にそのプレーが、監督の理論よりはるか先をいっていたとしてもです。原則に頼りリスクを最小限に食い止めるために、監督は現実を見ようとしません。

監督は先入観の消費者であり、知らないことには深い疑念を抱きます。しかし、神格化された知識には、従順に従うのです。

フットボールの発展のためだと信じて、取り返しのつかない応用の仕方で決定論の原則を支持しています。この原則は必ずしも考え抜いた末に与えられたものではなく、あるいはそこから熟考するために提案されたものでもありません。ただ順守するためだけの原則なのです。

それでは、フットボールの原則（訳注：日本ではセオリーと言われているもの）をいくつか挙げてみましょう。

① カウンターアタックは常に素早く行わなければいけない

② 伝統的なディフェンスのスタイルは、敵陣では相手のボールポゼッションを自由にさ

せ、自陣ではディフェンス間の間隔を狭めて強固なブロックを形成する。つまりピッチの中で脆弱なエリアと堅固なエリアを意図的に発生させる

③ カバーの距離はボールのあるなしに関わらず、また前進しようとする相手チームのプレーヤーの特性（例えば足が速いとか背が高いなど）も考慮せず、常に一定である

④ ダイレクトプレーには高さを支配できる長身のプレーヤーと、周りのチームメイトを助け、また生かすことができるターゲットマンが必要。この種のプレーは二人のフォワードで行うべきではない。また、スペースへ飛び出していくことが困難になるため、三人の中盤で行うことも適切ではない

⑤ ドリブル突破を図るプレーヤーへの守備対応は、たとえペナルティーエリア内にクロスを入れられる危険があったとしても、タッチラインに追いやらなければいけない

⑥ リードを守る場合は、相手チームにボールを支配されることになっても、抵抗することだけを考えて守備的なプレーヤーを多く投入する

無限にあるこれらの原則は、ゲームの中では「議論の余地のない真実」であり、正当な秩序として認められています。これらの原則を疑うやいなや、監督はフットボール界の隅に追いやられ、無知のレッテルを張られてしまうでしょう。

図1に注目してください。２００５―２００６ＣＬ（チャンピオンズリーグ）でのバルセロナ対チェルシー戦の場面です。

ギャラスがメッシのマーカーとして、チームメイトのセンターバックとの間隔を意識的に広げています。これを、先ほどの原則②と比較してみましょう。すると、ギャラスの行為は、守備ブロックのギャップ（隙間）を狭めて相手の侵入を防ぐ、という原則とは矛盾することになります。

しかし、ボールを持ったときのメッシの危険性を考慮したポジショニングなのです。また、セカンドライン（二列目）のバルセロナのプレーヤーが、チェルシーのサイドバックとセンターバックとの間のスペースを活用する状況にはないことを踏まえています。ギャラスの判断は順守すべき原則を守ることよりも正しいように思えます。

ほかにも同じような例はたくさんあり、原則が不毛であることを確認することができるでしょう。

これらの矛盾が多様性のある思考に影響を及ぼすことを避けなければなりません。なぜなら、無数の要素によって効果が現れるフットボールというスポーツの豊かさを、貧しいものにするわけにはいかないからです。

図1　ギャラスのポジショニング（バルセロナ対チェルシー戦）

チェルシーのギャラスがメッシのマークについている。ギャラスは、味方のセンターバックとの間隔を意識的に広げている。守備ブロックにギャップ（隙間）が生まれているが、メッシがボールを持ったときの危険性を考慮したポジショニングをしている。

1-5 プレーヤーと監督の関係を考える

「私たち一人ひとりが見ているものは見ているそのものではなく、自分が見たいように見ているものである。結局、信じていないものは見えない」

――ギックス（心理学者／スペイン）

「経験主義的認識論の基本は、現実への認識とすべてのモノへの認識がすでに含まれた客観的な現実（我々の感覚から独立して存在する）に住んでいるところにある。この我々の現実は唯一であり、誰にとっても同じだ。知識とはこの現実の描写でしかなく、この知識が本物かをうかがい知る唯一の方法は、その秩序と外部の秩序の対応を通してだけである」

――アルフレッド・ルイス（研究者／チリ）

フットボールプレーヤーが「自分のプレーでゲームを変えられる」と考えることは、監督が与える命令に背く行為だと非難されます。

各チームのプレースタイルの定義は監督の信条に由来しますが、この信条は必ずしもプレーヤーの可能性に基礎を置いているとは限りません。多くの場合、監督の経験によって得たコンセプトに基礎を置いています。

監督は自らの経験で、プレーヤーを中立的な実態として扱います。つまり、フットボールの最も重要な主体を、歯車の一つ（変化しないモデル）という前提で見ているのです。プレーヤーにとってフットボールは閉じられたものであり、自身の能力の限界を超えて貢献することは不可能であるとされています。

このような習慣が、定型パターンのプレーヤーを生み出す結果となりました。さらにプレーヤーをチームメイトとの関係を無視した存在として用いることで、実践から生み出される省察の可能性をも排除することになったのです。

もしも与えられたトレーニングメニューに対してプレーヤーが何も考えないで参加するのなら、考える行為そのものを監督やコーチングスタッフに委ねていることになるでしょう。それは、考えることへの不安を取り除き、安心と確信を手に入れることにもつながります。

プレーヤーは完全にチームに依存しています。よって、そのチームのフットボールを作り出しているのは監督とコーチングスタッフだ、という意見が一般的になっているのが現状です。

◉知の所有者としての監督

「もし従順なプレーヤーだけを作り出すなら、リーダーの不在に文句を言えないだろう」

――ホルヘ・バルダーノ　元レアル・マドリードGM

「私たちは蓋然性《がいぜんせい》の中に生きている。時々、起こり得る思いがけないことを受け入れることが困難なのは、ノーマルな反応だ。すでに混乱は、私たちの荷物の一部をなしているのだ」

――ジャウマ・ソレル&コナングラ

「自分自身の中に閉じこもっている多くのプロフェッショナルは、内省するきっかけを実践の世界から見つけることができない。彼らは選択を要しない技術、あるいは実践が示すことから自身の知識を守るための技術にあまりにも長けすぎた。彼らにとって不確実性は脅威であり、それを認めることは弱さの表れなのだ」

――ドナルド・ショーン（MIT名誉教授／アメリカ）

果たして、フットボールの世界における知の所有者はいったい誰なのでしょうか？　その答えはいまだ得られておらず、解決しなければならない問題だと考えています。

チームのプレースタイルの根拠を示すとき、監督は主体であるはずのプレーヤーを排除しなければならないという矛盾に陥ります。なぜならフットボールを理解しようと根気強く努力すればするほど、自分が理論の所有者だと勘違いしてしまうからです。チームが機能するには、プレーヤーたちに知恵を託さなければならないはずなのに。

また、ほかの誰かに対して、監督の価値とその監督を雇ったクラブの選択が正しかったことを納得させるために、本来の主体を置き去りにする傾向もあります。かつて、プロフェッショナルのプレーヤーとして培った経歴や経験を無理やり示そうとするのです。

どうやら監督たちの理論や自らを高めるための努力は、最終的にプレーヤーとの距離を広げてしまうようです。プレーヤーを監督の奉仕者にしてしまうのです。

「習得の成果は生徒自らが進んでやることよりも、先生が教えることに依存していると私たちは思い込んでいる[※30]」と物理学者のリサラーガは言っています。フットボールの世界でも同じです。プレーヤーの自発的なプレーよりも、監督が指導するトレーニングに、すべての成果が依存していると私たちは思い込んでいます。

実はここ数カ月にわたって、様々なクラブの下部組織からトップチームにいたるまでのトレーニングを見学する機会に恵まれました。

見学の目的はプレーの解釈の仕方と、その解釈に基づいてトレーニングが適切に行われているか、についての調査です。

結果はある程度、予想していました。多くのクラブにおいて、トレーニングの目的と内容の基礎となる考え方が、あまりにも似ていたのです。つまり、ほとんどのクラブが先に述べたフットボールの原則に基づいていたということです。

いつも同じように準備されて実施されるトレーニング。絶え間なく飛び交うコーチングスタッフの声。コンディションへの強迫観念。

これが、常に同じように考え、同じように表現する定型のプレーヤーたちを作り出している原因だと痛感しました。

それから、いくつかのクラブのトレーニング内容は、そのクラブのプレースタイルとはほとんど関係のないものだったこともわかりました。すべてがあらかじめ決められたプレーのパターンの再生であり、わずかに正式なゲーム的要素（スペース、相手、ボール、ゴールマウス、ルール）のセッションがあるだけでした。

さて、ここで実に単純な疑問が思い浮かんできます。

「同じ条件でトレーニングしているのに、なぜすべてのチームが同じようなプレーにならないのか？」

この疑問は行動主義[※31]の理論が不完全であることを証明しています。なぜなら行動主義とは、学習の成果は刺激（教えることの内容）によってのみ決定すると考えるからです。

トレーニングの結果がチームによって変わるということは、計画されたトレーニングの成果が正しく表れていないことになります。ここに矛盾があり、先ほどの疑問が生じたのです。

機械的なプレーをするプレーヤーたちが、定型のチームの基となっています。だから組織が過度の決定論に依存したとき、プレーヤーは不測の事態を解決することができません。安定性が壊れかけたときも、その事態を解決するのは難しいでしょう。慣れすぎてしまった状況に変化が起きたとき、適応できなくなるチームが多く存在します。それらのチームは監督の書く台本を超越する、創造的なすべてのプレーを排除してしまったのです。

監督はプレーヤーの知的資産から道を開拓していくべきです。表面的で静的な現実（真の現実は奥深く常に動的であるにもかかわらず）を歪めることを嫌う監督の前では、自立できない無責任なプレーヤーが生まれます。

結局のところ、試合の中で一つひとつの決断を下さなければならないのは、ほかならぬプレーヤー本人なのです。

本章の最後に、私が書いた新聞のコラムを紹介します。

ラ・オピニオン・デ・グラナダ紙に連載されている「友好的な出会い」というタイトルのコラムです。これを読めば、きっと私たち監督の現実的な姿が浮かんでくることでしょう。チーム独自のプレースタイルを構築しようとしている監督やスタッフ、プレーヤーたちに、より深く考えてもらうことを願っています。

Column

監督・疑念と虚栄心のはざまで（1）

（2008年11月29日 ラ・オピニオン・デ・グラナダ紙にて）

11人のプレーヤーは、いったんピッチに上がるとショーケースに陳列されているようなものである。

自分が関与すべきプレーを認識する時間もなく、戦略上すべてのポイントにおいて的確な指示を待つだけだ。ここで言う的確とは、指示を出す監督にとっての的確という意味にほかならない。

また、監督はチームを非難するグループの一員にもなることができる。試合中あるいは終了後に、プレーヤーの誰かを罵るだろう。罵声を浴びた者は、この侮辱の言葉から身を守ろうとする。それ以外にどうすればいいというのだ。

監督は自分を勝利者として称えることができる。それは常に勝利を目指して戦うことを自慢する監督たちのことだ。

敗北者と呼ぶことだってできる。それは、プレーヤーをわざと疲労困憊にする方法を準備している監督たちのことだ。そう、誰が命令権を持っているかを知らしめるための行動で、自分の指導力のなさを隠す鬼軍曹たちのことである。

プレーヤーは疑問を振りまかないようにしよう！

従順なプレーヤーでいよう！

勝ったときは美しく、負けたときは罪人と言われるプレーヤーたち。ああ、なんて寛容で自己管理の行き届いた者たちなんだ。

監督は信念と価値のシステムに対して、暴言のラプソディを奏でる。なぜなら、ほかの者たちが聞きたいと願う音とは違う音を発するために。

なんと堕落しているんだ!!

確実性に反することは、すべて抹殺されるべきだと思っている。

完璧なプロフィールを授けられた監督は、作られたパーソナリティーとなってそれと共に歩むことになる。誇らしげに感じることでもあるが、同時に疑念が生じる瞬間でもある。

誰も何も尋ねなくなり、あなたの目的を知ろうともしなくなるだろう。無限の組み合わせがある先発メンバーにおいて、あなたの考えと周囲の考えが一致しないのは当たり前なのに、遠慮して誰も何も言わない。週に二、三回はあなたの試合を見ているという事実があるにもかかわらずだ。実はそれこそが、あなたの頭脳を疑っている証拠なのだ。もし敗戦という事態が起ころうものなら、いたるところに敵が現れ、彼らの足音に耳をそばだてることになる。けんかっ早い男たちが背後から斬りつけてくる幻想に襲われ、精神が栄養失調をきたすのだ。

試合に関する記事を段落ごとに、あるいは単語ごとに分析し、必死になって敵を選ぼうとする。その敵は、かつてあなたを神のごとく称え崇めた人たちだ。

さらに我々監督はシンボルであることを忘れてはならない。毎週のように仕事の舞台であるピッチに上り、数千、数万という人たちに背を向けて直立不動で立つ。今にも抹殺されるという状況なのに、一歩も動けずにいる闘牛士のようなものだ。観衆は常に匿名でいることができるということも忘れてはならない。

次に指摘するのは、虚栄心にまたがった度の過ぎる自己評価だ。監督は実に頭が良い。過ちのすべてがどこにあったのかを知っている。状況をコントロールし、解決策もわかっている。

なんて監督は賢いのだろうか。

それでも我々には勝利者になる可能性が常に残っている。

なんて運がいいのだろう。

一時的な麻酔をあてにし、処方箋をほしがっているプレーヤーたちを、ふさわしい地位にまで持ち上げる救世主として誘惑することもできる。

生きとし生ける者が真似しようと試みる3―4―3システム。試合開始の2時間前にミルクセーキを飲み干す、例のお決まりのパターン。まさに古びた習慣の虜だ。

それなのにプレーヤーたちは、監督の行為を最先端の研究室よりもトレンディであると思い込んでいる（あー、勘違い）。これらが我々監督の姿そのものなのだ。


特徴的なゴールが決まったとき、ベンチでのパフォーマンスにも注目してほしい。

監督は素晴らしき芸術の責任者として、サポーターの注目を集めようとしているだろう。興奮して大げさなジェスチャーをし、ほかのコーチたちと普段よりずっと派手に抱き合う。ゴールを喜んでいるプレーヤーに注目しつつ、隣席の仲間と抱き合っているサポーターも見逃さない。必要であれば、こちらに気づくまでほかのコーチたちと抱き合い続けるのだ。サポーターに我々を思い出す時間を与えるために！


以上、皮肉をお許しあれ。来週の土曜日、後半をお届けしよう。

Column

監督・疑念と虚栄心のはざまで（2）

（２００８年12月6日　ラ・オピニオン・デ・グラナダ紙にて）

皮肉たっぷりの先週のコラムは、もちろん具体的な監督を指しているわけではない。むしろ、列挙した多くのケースの中で、程度の差こそあれ、私自身が当てはまるとさえ感じている。

13年もの間、監督をしているが、いくつかのレッテル（特定の評価）によって私自身もやりやすさを感じたことがある。そのレッテルが成功を伴っていればなおさらである。同様に私が率いてきたチームの偉業の多くを、自分一人の功績だと思っていた。イスマエル・セラーノの歌の歌詞にあるように、〝僕と知り合えて、なんという幸運〟と思っていた時代である。

年を重ねるとともに、〝オレが〟という部分が薄れていった。フットボールは人生と同じで、直線的な単純さで表すことはできない。むしろ不確実なことや複雑なことに満ちあふれているという考え方へと譲歩していったのだ。あらゆる知識は、それ自体不完全である。

このようなことをあえて言う理由は、我々監督たちは、部分的なことや一方向的なことへの誘惑、しっかり固定され閉ざされた確信に屈服し続けているからだ。

結局のところ、哲学者エドガール・モランが言う「複雑性に挑戦するレベルにいられるという考え方」を排除しているのである。

運よくどこかのチームで監督ができたら、すべての現実には文脈的状況があることを追い払い、自分の荷物から知っていることを引っ張り出して当てはめようとする。

多くの監督は、成功の理由として一連の判断を賢く適用したことを挙げる。しかし、いつも同じ方法論、同じ公式や法則を用いても、将来のプロジェクトにおいては大きな問題に直面するだろう。

フィジカルトレーナーをあまりにも重要視したのは、多くのケガ人を出したレアル・マドリードのワルテル・ディ・サルボであり、マドリードTEC（トレーニング施設）だ。これは現実の一部分だけしか扱わなかった、はっきりとした例である。また、監督としてUEFAカップで2度も優勝したファンデ・ラモスの有名な〝ダイエット〟はスポーツ新聞に派手に取り上げられた。プレーヤーたちにダイエットを強要し、イングランドのプレミアリーグでの挑戦は惨敗に終わった。

読者の皆さんは、なんと滑稽なことだと思ったに違いない。

いや、そうではない。現実は時には理論的であり、時には理論に反している。計画どおりになることもあるが、不運が訪れることもある。同じことをやっても違う結果が生じる。それゆえ、精神の解放や絶え間ない変化を受け入れるために、知覚をまっさらにしておく必要があるのだ。

フットボールは予測がつかない。すべてをコントロールしたいと思うような危険なことはやめよう。それは、自然が不可能であることを示している。

プレーヤーのパフォーマンスに違いが表れることを認めよう。

尊重し合うこと、見えないつながりを見えるようにすること、プレーヤーたちの知的な相互作用を高めること。

監督とは、ただそのことをする人でしかないことを認めよう。

このような前提で常に責任感を持ち、つながり合うことを願い、不安との和解から文化を生み出そう。

プレーヤーの身体的、技能的な価値からではなく、彼らの精神的なプロセスから働きかけよう。

ホセ・アントニオ・マリーナが言っているように、「社会的知性」を探し出そう。ヘスス・キンテーロのテレビ番組のインタビューと同じように、「その人がその人である方向に丁寧に導く」ことを忘れないようにしよう。

権限を、本来持つべき人たちに与えよう。そう、プレーヤーたちに。

プレーヤーたちの共生の行動からチームをつくろう。

トレーニングでは、相乗効果を発展させよう。

文化を生み出す責任感を刺激しながら、意味のある共通の文脈をトレーニングによって生み出そう。

そして、名声を捨てて真の監督としての仕事に専念しよう。

そう、プンセットの言葉を意識の中にしっかりと埋め込むのだ。

「プロジェクトを維持しているのは、グループのメンバー間の相乗効果から生まれる知である」

最後に科学者であるワゲンスベルグの言葉で、私の同業者全員に一つの願いを伝えたい。

「不確実なことが、あなたたちに幸いしますように」

Chapter 2
新たなパラダイム（枠組）がもたらすもの

「全体を構成しているさまざまな要素、あるいは全体と各部分の間で起こるフィードバックと相互作用がある限り、複雑性は存在する」

——エドガール・モラン
（哲学者／フランス）

「現代の組織は、ただ単に変化するだけではなく非常にダイナミック（動的）なエボリューション（進化）の文脈を持っている。その変化は表面的なものではなく、内面からの変化＝変身そのものである。我々はそうした特異性を持つ複雑な組織の管理をしなければならない。しかし、あてにしている概念上のツールは、明らかに部分的で単純化された不完全なものでしかない。まさに我々の時代のパラドックスがそこにある」

——ホルヘ・P・セラ
（ルハン大学教授／アルゼンチン）

「システムへのアプローチにおける部分の特性は集合体の構成からのみ理解できるもので、要素の一つひとつの中ではなくシステムの本質的な原理の中にある。システムシンキングは分析する代わりに文脈を読み取る。分析とは研究や理解のために部分を孤立させることであり、システムシンキングは大きな全体の文脈の中にある意味を汲み取り、理解の枠にはめることだ」

――フリッチョフ・カプラ
（物理学者／アメリカ）

フットボールの特徴の一つに、〝予測できないことが起こる確率が高い〟ことが挙げられます。つまり単調な規則の連続ではないということです。ピッチで起こることは自然発生的な面が実に大きく、ほかのスポーツ以上に複雑性をはらんでいると言えるでしょう。

フットボールのチームは、次の特徴を備えた複雑なシステムの一つとみなすことができます。

① プレーヤー同士によるフィードバックがある。
② プレーヤーと周囲の環境（対戦相手など）とのフィードバックがある。
③ フィードバックのプロセスによって成果が上がる。

④　①と②のフィードバックによって、チームとしてのフィロソフィー（文化と言ってもいい）が創られる。そのフィロソフィーが波及して、再びそれぞれのプレーヤー固有のプレーを導く。

結局のところ、次のリージョの言葉が、フットボールチームというものを端的に表しています。

「自分とほかとの相互作用、つまり自分が他人に影響を与え、他人が自分に影響を与える団体競技を我々は行っている。我々は影響を受けると同時に、影響を与える存在なのだ」※32

相互作用は単独では出現しませんが、私たちに多くの豊かな出来事をもたらします。一方で、相互作用は出現する瞬間を予測するのが難しく、その作用が何をもたらすのかを正確に知ることもできません。無数の多様性や不確実性に依存し、なおかつ非常に動的であるため、完全に把握することは不可能なのです。

本書はバルセロナのプレーを解き明かすことを目的としています。そのためには古典的なパラダイムが持つ制限と障壁を乗り越え、別のパラダイムに頼る必要もあります。それは言わば、推論するという概念自体を転換することでもあります。

新たなパラダイムを考慮する——、私たちはまさにそんな時代にいるのです。

では、新たなパラダイムとはいったい何のことなのか。それは、「不確実性も全体の一部であるという前提の下、さまざまな事象を関連づけていく能力、文脈を読み取る能力、全体を捉える能力、さらに全体の中の際立ったモノゴトや具体的なモノゴトを認識する能力を持つ[※33]」ということです。

私たち監督は、すべてをコントロールすることへの執着、科学的な根拠に基づく予測への執着、人間性を破棄して知識製造機になることへの執着を捨てるべきです。さらに、「唯一、知ることができるのは、自らが作り出したものでしかない[※34]」というフォン・グレーザーズフェルドの言葉を真摯に受け止めるなら、チームを構成するプレーヤーたちの創造性に価値を与えることが必要です。

チームをつくるのは、監督だけではないのです。

全体と部分の関係性と、その間にある文脈を手掛かりにしてチームを考えるべきです。ようするに、フットボールにおける「一つの機能を備えた集団としてのチーム」と「プレーヤー」の関係ということです。

チームとプレーヤーの関係は常に同時進行であり、どちらが先でどちらが後ということは決してありません。また、あらゆる影響によって、プレーヤーの個性は際立っていきます。プレーヤーだけで独立することもありません。

分析から総合へ、単純から複雑へ、要素から集合へ、細部から全体へと思考を転換させていきます。組織の進歩を促すために。新しい行動要素（プレー）を取り込むために。プレーの手段を倍増させるために。相手に予測させないアイデアを生み出すために……。

今まで私たちが歩んで来た道を、まったく逆の観点から探検してみるのです。

これらの必然性を高めるには、たとえ危険な状況に陥っても、それをただ避けるだけではいけません。危険な状況を大いなるチャンスとして捉え、心と頭を解放するのです。

たとえば、バルセロナはボールを奪われた瞬間をチャンスとみなします。なぜか？　それは、攻撃態勢を整えようとする相手チームは、その一方で守備への意識が弱まるからです。つまり、相手の守備バランスが崩れた瞬間でもあるわけです。そこでただちにボールを奪い返すことができれば、絶好のゴールチャンスが生まれるのは自明の理です。

ランダムやカオス（混沌）は切り捨てるのではなく、納得できる要素にしなければなりません。それらは幅広い選択肢の源であり、バルセロナの予測不能なプレーを生み出し続けています。

チームやプレーヤーの財産を豊かにするには、守備と攻撃、規律（ディシプリン）と才能、テクニックと戦術などの対立した概念を、対話できるように描き直すことが必要になります。それぞれを、組織の中では分けられないものとして認識していきましょう。

また、分解や分離はそこにある情報を省きます。〝細分化して分析すれば、すべてのことは確実に結論を導き出せる〟という固定観念によって省かれてきた情報を取り戻すのです。

チームのプレーモデルを築く作業を考えてみましょう。プレーヤー同士の関係性のあり方に光を当てるのです。それは暗黙のルールと言ってもいいでしょう。

チームの特徴を私たちに感じさせるのは、まさにその関係性です。それを築くことによって、プレーヤーを全体から切り離すことなく、個々の特徴を見分けながらその能力を掘り下げることができるのです。

この新しい考え方は、自らに課す規律あるいは相互に課し合う規律よりも、さらに先に身を置くことを私たちに促します。バルセロナのプレーヤーが規律以上の献身的な強い意思を感じさせるのはそのためです。

さらには、フットボールプレーヤーをフィジカルやメンタル、テクニックなどの独立した構造的側面（P32参照）の総和としてしか認めないことや、プレーの文脈を見ないまま持論を押しつけること、そこからの脱却が必要です。

フットボールプレーヤーの構造的側面を識別するためには、ホリスティック（包活的）な観点が必要になります。

本書では何も「古典的な信念を革新的な信念に取って代えよう」と言っているわけではありません。単純に入れ替えるだけなら、主張の中身は変わっても独善的であることに変わりはないのです。

古典的であれ革新的であれ、また、観点の違いこそあれ、私たちは同じ世界の物語を見つめています。自然は決定論も表現するし、同じプロセスの中で偶発的なことも表現するでしょう。

ここまで読んでくださった皆様の先入観を揺さぶり、全体を観るための神経を刺激することができたなら幸いです。そして、固定された概念に抵抗し、疑問や変化を探し求め、新たな選択肢を選ぶ準備ができるようになったと期待しています。

私たちは蓋然性《がいぜんせい》の世界に生きていることを思い出してほしいのです。安心を確保するような理論は、心の内から根絶すべきです。さもなければ、多くの可能性を閉じ込めたまま、これから先も生きていくことになるでしょう。

2-1 部分のさらなる先に全体像が現れる

「システムシンキングのセオリーは、構成要素をバラバラにして単純化した結果としての組織ではなく、構成要素を組織化した系としての特徴を持つことを明白にしようとする。
その組織は内部の機能的な関係により、全体の目的を成立させる。このような機能を理解するには、構成要素の特徴を別々に見るだけでは不可能であり、組織だった相乗作用を考慮に入れる必要がある。そういった意味で組織は構成要素から発生し、単純な構成要素の合計に換算できない新たな特徴を得るのである」

——エヴァンドロ・アガッツィ
（哲学者／イタリア）

「奏でる音を見るために、ピアノを分解することはできない」

——ジョセフ・オコナー
（NLPコーチングトレーナー）
——イアン・マクダーモット
（NLPコーチングトレーナー）

私たちは、全体を理解するためには部分に分けなければいけないと思いこんできました。部分に分けないと不安になる気持ちが植えつけられてきたのです。

複雑性のパラダイムは、分けられた部分を理解するだけでは全体を知ることができないことを示しています。さらに、「システムを部分に分けることは、その特徴を消すことも意味する」[※35]ということも示しています。

各部分の独自性は相対的であり、相互依存していることにも気づくでしょう。各部分が関連することによって集合体が再調整され、以前は持ち合わせていなかった特徴をフィードバックして再び各部分に与えるのです。

システムとプレーモデルを具現化するプレーヤーをより深く理解するには、その関係性のあり方を知る必要があります。なぜなら、「部分とその部分以外のものを結びつけているパターンが明らかになるとき、特異な事実が明らかになる」[※36]からです。

オンライン辞書のウィキペディアによれば、「一つの複雑なシステムが持つ情報は、独立した一つひとつのパーツが与える情報の総和より多い」ということです。

また、誰がどのようにして新たなプレーを生み出すのかは、チーム全体を知らなければ推測できません。全体と部分の対話は、全体の知識に基づいて行われるべきなのです。

２００８―２００９ＣＬ（チャンピオンズリーグ）決勝トーナメント、リヨン戦のファーストレグ終了後に、グアルディオラがこんなコメントを残しています。

「ベンゼマにボールが入ったのは、適切な調和が取れていなかったからだ」

フランス人フォワードがバルセロナのゴールエリアを苦境に陥れた理由を、短く明確に言及しました。プレーは総体的なチームの機能を考慮すべきであり、プレーとプレーは分離できないことをグアルディオラの言葉は示しています。

一般的には「センターバック間の調整がうまくいかなかった。そのためにベンゼマの効果的な動きを止められず、活躍を許した」という見方が多かったようですが、問題はより複雑です。攻撃と守備を分離するのは不可能であり、チームの総体的な動きにまで問題は及んでいました。グアルディオラが言おうとしていたのは具体的なプレーのことではなく、原因は全体にあるということだったのでしょう。

バルセロナは無理に得点チャンスをつかもうとする焦りから、統一性の取れていない状況下でボールを失っていました。よって、ボールを失った直後のプレッシャーに影響が出たのです。つまり、一時的に後方のプレーヤーが守備ブロック近くに集まれなくなっていました。これでは相手がプレーに関与するのは容易であり、バルセロナの守備陣がベンゼマのスペースを奪うのは極めて困難だったと言えます。

バルセロナの全体を重要視する姿勢は、メッシの「このチームが僕をうまくしてくれた」[※37]といったコメントや、チャビの「チームが良いプレーをしたということは、僕も良いプレーをしたということだ」[※38]といった言葉に現れています。

全体を疎かにして、一人のプレーヤーの価値を知ることはできません。チーム全体の関係性の中に置かれた状態で、プレーヤーを見るべきなのです。なぜなら全体の関係性は、孤立しているときには持ち合わせていなかった特性をプレーヤーに与えるからです。

また、グアルディオラはメディアからの「メッシは世界最高のプレーヤーか？」という質問に対して、こう答えています。

「メッシが最高のプレーヤーかどうかはあなた方が議論すべきことで、私はその議論には加わらない。私はメッシを一人のプレーヤーとしてだけで理解しようとは思っていない。コンテキスト（文脈）とともに総括的に観るようにしている。私が目指すのは、チームがメッシをより良いプレーヤーすること、そして、メッシがチームをより良くすることの手助けだ。このことはメッシだけではない。チームのプレーヤー全員が共にそうなるよう努力している」[※39]

このようにチーム全体の構造に目をやると、おのずとチームのプレーモデルの理解に近づいていきます。

バルセロナのセンターバックのカセレスを例に取ってみましょう。チームに加入してから最初の数カ月間におけるカセレスのパフォーマンスは、プジョルのテクニック、フィジカル、メンタルなど、どれと比較してもさほど大きな差はありませんでした。なのに、なぜプジョルだけがボールを保持しながら前線に上がり、マークを外してフリーになっている味方をいとも簡単に見つけ出せるのでしょうか。なぜクオリティが似ているにもかかわらず、カセレスはプジョルと同じことをするのに苦労するのでしょうか。

プジョルはバルセロナのパス回しに潜むルールや、チームメイトのポジション取りを知っています。また、プジョルはチームの原型であるプレーモデルに通じているのに対して、カセレスはこれからその正体を知り理解を深めていく必要があるからです。

同様に、ピケやブスケツにもプジョルと同じことが言えます。チームメイトのプレーを容易にする動きや、行き詰まったときに打開する能力は、バルセロナのフットボールの安定した特徴を十分に認識しているからこそ身についたものです。まさに、彼ら自身がそのプレーモデルの製作に加わった一部だからこそ、なせる業なのでしょう。

◉攻撃の手段は守備とつながっている

「我々が部分を整理しようとするとき、多くの場合は体系的な視点を見失ったままトレーニングをする。守備と攻撃とトランジションのトレーニングはするが、それらの間と間をつなぐトレーニングはしない」

——ヌーノ・アミメイロ
（フットボール監督／スペイン）

試合中、ボールを失うやいなや、ただちに取り戻そうとするバルセロナの姿勢を誰もが称賛します。また、成功の大部分はそこに起因するという発言も多く聞こえてきます。以前所属していたクラブでは、その姿（トランジション）をほとんど見せなかったプレーヤーたちの変貌ぶりに驚かされるのです。

この変貌は紛れもない事実です。しかし、もっと深く掘り下げてみると、試合のフェーズを分離できないという点、言うなれば、分けられない実体としてのプレーという観点に導かれます。

バルセロナのフットボールは、プレーヤーたちがプレーしやすいように洗練されています。非常に整然としているため、どのゾーンでボールを奪うのか容易に理解することができます。その多くは両チームのプレーヤーが密集する相手陣内ですが、相手のプレーを遅らせながら協調してボールを奪い返す時間をつくるのです。こうして全体のハーモニーを乱さないようにさえすれば、わざわざ長い距離を走らなくても、すでにいるそのゾーンでボールを取り返すことができるということを知っているのです。

具体的にどうするかというと、相手チームが攻撃を組み立てようとする最初の瞬間に、適切なポジションを与えないように対応します。それを実行するためには、あらかじめほとんどの相手プレーヤーを攻撃によってゴール近くに押し込んでおく必要があります。そうすることによって、相手チームの攻撃の立て直しを困難にし、可能性を限定することができます。

リーガでプレーするブラジル人プレーヤーのギジェルメ・オリベイラも、「我々は特定の形で攻撃するために、特定の形で守る。はっきりとしたある形で攻撃をするのは、攻撃に合わせた形で守備ができるからだ。守備の様相は常に攻撃の様相と関連していなくてはならない。そうでなければ、決してクオリティの高いプレーはできない[※40]」という意見に賛同しています。

しかし、古典的なパラダイムにおいては、バルセロナの手法を非常に危険だと批判する人たちがいます。

相手ゴールエリア付近にあれほど多くのプレーヤーがいるのは、度を超しているというのです。しかしながら、ボールを保持しながら多くのプレーヤーが攻撃に加わることで、後退する相手プレーヤーを引き連れることになります。途中でボールを失うことがあっても、相手チームにはカウンターを狙うプレーヤーが前方に残っていないことになります(図2①)。

バルセロナのプレーヤーは攻撃しながら相手チームを完ぺきに混乱させ、カウンターの可能性を制限しています。相手はたとえボールを奪っても、その前方に効果的なプレーヤーはいません。スペースを狙って走り出せるプレーヤーもいないのです。これでは有効な攻撃の態勢を築く可能性はほとんどないでしょう。

彼らは攻撃をしながら、自分たちができる最適な守備をしているのです。

さらにアンリ、イニエスタ、メッシというウイングのポジションに入ることの多いプレーヤーがサイドを駆け上がります。ここでボールを奪われたとしても、相手の攻撃プロセスを制限できるので、守備も行っていることになります。たとえば彼らがボールを受けると対戦相手は、ドリブルやシュート能力を意識して、抜かれる隙を与えないように味方を周囲に集める守備システムへと切り替えます。

つまり、バルセロナのウイングはドリブルで相手を引き寄せることによって、たとえボールを奪われても相手の攻撃のプロセスを制限させ、全体の守備の仕事を楽にしているのです。まさに攻撃をしながら守備をしているとはこのことです(図2②)。

この攻撃と守備を分けない考え方は、プレーを分割するのは不可能だということを指摘

図２　相手チームのカウンターの可能性を制限する動き

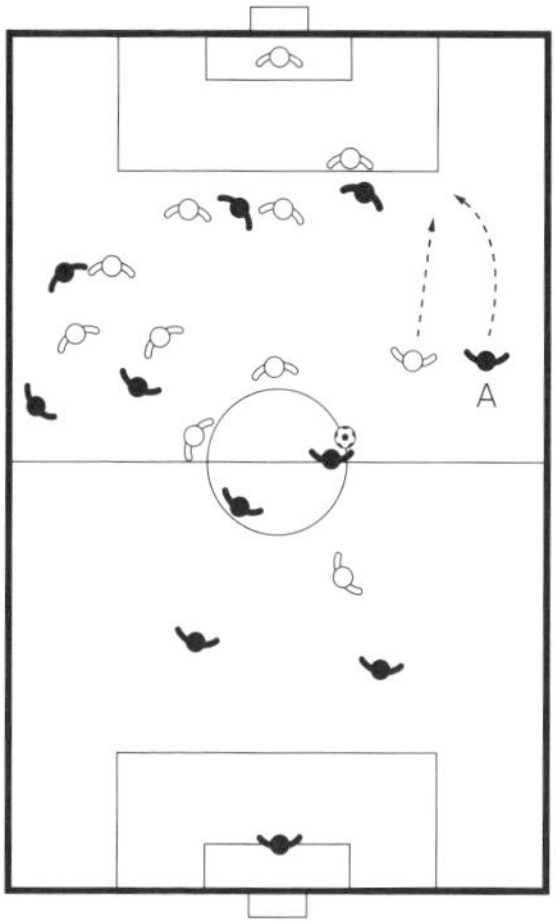

①サイドバックの動き

サイドバックの選手Ⓐがサイドを駆け上がり、相手を引き連れる動きをする。ボールを奪われたとしても、前方でカウンターを狙えるプレーヤーが制限される。

②ウイングの動き

ウイングⒷはドリブルを仕掛けて、相手を引きつける動きをしている。ボールを奪われたとしても、相手チームはスペースを狙って走り出せるプレーヤーはいない。

-----▶ 人の動き　〰〰▶ ドリブル

しています。現実には、攻撃の手段は守備とつながっています。チームの攻撃を知れば、守備もおのずと推測できます。その逆もまた真なり。守備の方法を話すことは、攻撃の可能性を見せることになるのです。

◉プレーヤーは一つの機能を持ったシステム

「人間は明らかに生物である。と同時に文化的な存在だ。生物学的に生きながら、言語、思考、意識の世界でも生きている。一つの現実を生物的現実と文化的現実にパラダイムが分離し、最も複雑なものを最も複雑でない形にしている。生物学上の人間は解剖学や生理学によって考察される。一方、文化的な人間は人間学や社会学によって考察される。よって、脳を生物学の器官として捉え、精神や心は心理学的な機能として把握する。

脳は心なしでは存在しない。さらに言えば異なった言葉や概念で扱われているが、脳は同時に心でもあるということを、我々は忘れている」

――エドガール・モラン（哲学者／フランス）

「現実のすべての境界線はぼやけていて、発明されたすべての境界線は明瞭だ」

――ホルヘ・ワゲンスベルグ（科学者／スペイン）

科学において、人間はさまざまな部分に分けられた異なる構造の総和とされてきました。

これまで証明してきたように、フットボールプレーヤーは大きな全体の一部分です。また、自分自身が全体であり、一つのシステムでもあるのです。

彼らのどんなプレーにおいても、フットボールプレーヤーの構造的側面を一つとして排除することはできません。なぜなら、一人のプレーヤーは一つの機能を持ったシステムとして扱われるからです。

どれほど単純な行為（プレー）であっても、プレーヤーは構造的側面のすべてを使います。構造的側面の部門ごとの働きかけだけでは、構造全体いわゆるプレーヤー自体は活性化されません。もし活性化されるなら、私たちはパーツによって構成された機械として、プレーヤーを理解するようになるでしょう。

繰り返しになりますが、プレーヤーは本質的に分けることができない一つのシステムなのです。

各部門の分析だけでは、私たちに誤った人工的な情報を伝えることになります。それはつまり、プレーヤーの一人ひとりをおおよそ知るという作業を阻害することになります。

「おおよそ」と言ったのは、人間は個性を再構築する数え切れない刺激と接触しながら常に進化しているからです。完全に知るというのは、現実的ではありません。

フットボールプレーヤーを評価するには、全体をフィジカル、テクニック、あるいはメンタルなどの側面に分けることなどできません。評価は「フットボールをプレーできるか？」という見方に委ねるべきであり、プレーヤーのすべてを尊重すべきなのです。

同じように考えると、パスの精度やマークを外せる力、持久力、パワー、適切にカバーできる戦術眼を基に、個々を判断することもできません。プレーヤーというのはそれ以上の存在であり、プレーヤー自身がプレーそのものだからです。

例えば、ここでメッシとブスケツ、二人のプレーヤーが同時に相手をはさみ込み二対一でボールを奪おうとしているシーンを想像してみてください。両プレーヤーともすべての構造的側面を駆使しているはずです。

フィジカルの側面では、ピッチにしっかりと立って相手と争い、バランスを崩さないようにするパワーを使います。コーディネーションに焦点を当てると、自分自身の身体をコントロールするほかに、時間とスペースに動きを合わせます。

メンタル面では、ボールを保持している相手に抜かれる可能性と、自分がボールを取り返す可能性を予測する行為があります。連係プレーは相手のプレーの手段を減らすだけでも創造性に富んだ作業であり、パスコースを限定し、ターンをさせず視野を奪い、ドリブルで前進する可能性を消すでしょう。

さらに感情的な側面を付け加えると、相手のボールを奪うという意志の存在がありま す。それが二人の間で一致しているのは、責任を分かち合うという行為でもあるのです。

◉プレーヤーを評価する基準とは?

「君たちは走りすぎる、とグアルディオラは言った。ケイタがいるべき場所にいれば、20メートル移動するだけで相手エリアにも行けるし、中盤の中央でもサイドでもディフェンスを助けることができる。トゥーレしかり、20メートル後ろへ下がればセンターバックの中に入れる。20メートル前に行けば相手陣のペナルティーエリアでプレーできる。左右に行けばサイドプレーヤーの後ろをカバーすることだってできるんだ」

——**ティト・ビラノバ**　現バルセロナ アシスタントコーチ

「チームプレーの規則性が表しているものは、フィジカル・コンディションの大いなる指標だ」

——**ジョゼ・モウリーニョ**　現レアル・マドリード監督

「長い距離を走る」「速く走る」「ヘディングが巧みである」ということがフットボールで

はありません。

あえてシンプルに言うなら、フットボールとは周りのプレーヤーと調和しながらプレーに加わり、必要なコンビネーションをつくることです。

シャビ・アロンソは、「相手のペナルティーエリアに最も早く到達することが良いプレーではない。良いプレーとは最高の形で相手のペナルティーエリアに到達することだ[※41]」と言っています。

それなのに私たちは、フットボールからあまりにも遠く離れたトレーニングに頼ってきました。最後の一滴まで血を搾り取るような、プレーヤーたちを速く走らせては止める、そして、また速く走らせては止める、という一時的に流行したターン・ダッシュやただ走らせるだけ、などがそうです。いったいどの能力を高めたいのかもわかりません。

アルゼンチンの往年の名将メノッティは語っています。

「フットボーラーにとって大切なのはフィジカル面の準備ではなく、フットボールのプレーの仕方を学ぶことだ。フィジカルが強くなったからフットボールがうまくなったというプレーヤーは一人もいない[※42]」

このことは現代の監督である私たちが導き出せなかったことでもあります。以前にも増して私たちは確実性という心の支えにしがみつき、疑問に目を向けることを拒絶してしまったのかもしれません。自分の心を安定させてくれる人に対してだけ心を開き、再び専門家に焦点が当たることになったのです。

プレーヤーのパフォーマンスを語るとき、私たちは彼らの能力を勝手に分けてはいないでしょうか。たとえば、「リズムに欠ける」「試合の入り方に苦労した」「パスを3本つなげられなかった」「試合終了時、ほかのプレーヤーより体力が残っていた」といった定型句を使ってしまう。そして、いつもの言葉を使い切った途端に、評価の手段を失うのです。

また、こんなこともあるはずです。

集めたコーチングスタッフの一人ひとりから意見を聞き、監督は自分自身の仕事を部分として評価しようとします。そして逆に、ほかの部分についてはスタッフに責任を問います。問題は全体的なものであるという推測が排除され、結局は部分にしか触れられません。そうこうしているうちに、本来のプレーの評価はいつも置き去りにされてしまいます。

こうしてコーチングスタッフは再び安心感を抱き、満足してその会合を終えることになるのです。

フットボールには常に戦術が伴います。「コンディショニングやコーディネーションに意味を与えるのは戦術である」[※43]ということを知った上で、コーチングスタッフは専門分野に応用するべきなのです。

監督は、常に状況が変化する中で決断を下さなければなりません。その決断は効果的で実践的で意味のあるものでなければなりません。また、フットボールとはどんなときでも戦術的な性質を持ち、極めて困難なものであるということを忘れてはいけないのです。

もしも評価の基準が走った距離や体力の消耗という項目で測られるのだとしたら、プレーヤーは至る所を走り回ったほうがいいでしょう。そうすれば、監督に悪い印象を与えることはありませんから。

かつて私が指導したプレーヤーの中には、トレーニング中に脈拍計をチラチラと見ては、自分の脈拍が推奨された値だと知って安心する者が多くいました。結果的に彼らはゲーム中の状況を的確に把握できるようにはならず、適切な決断もできませんでした。ただし、脈拍計の数値だけは、トレーニングが実り多きものだったことを示してくれたのです。

次に、データ上のパス成功数を考えてみましょう。

相手に途中でカットされなかったパスを成功とみなし、その数を評価するなら、アビダルはイニエスタのレベルに近づいています。しかし、そう断言してもいいものでしょうか？

最高のパスとは何かを知る必要があります。そのためにはもちろん、フットボールを理解していなければいけません。そして、〝より良い〟ということは、質を伴うことを忘れてはいけないのです。

パスの受け手にとって最もわかりやすいパスというのは、相手にとってもわかりやすいということを最高のパサーは知っています。ですから、わかりやすいパスが常に最高のパスであるとは限りません。何が最高のパスかはそのときの具体的な状況、たとえばピッチ内の場所、チームメイトと相手の配置、邪魔されそうな確率など、その他多くの要素によって変わってくるものです。つまり、その都度、質を変えることが大事だということです。

グアルディオラはレアル・マドリード戦（２００８年12月13日）のあと、前半のプレーが悪かったことを次のように要約しました。

「我々はボールよりももっと走ろうとして興奮しすぎていた。時間に勝とうとしたが、それは不可能だ※44」

同じような意味合いで、「なぜ、あなたのチームは毎シーズン良い成績で終われるのか」と質問を受けたビジャ・レアルのペジェグリーニ監督は、このように答えました。

「トレーニングと関係がある。我々はゲームのダイナミックさ（動的で変化に富むこと）をトレーニングに取り入れている。そうしないと、ボールに対抗するために体力を鍛えるだけで、ボールには勝てないだろう[※45]」

リージョが、「プレーの基盤はプレーヤーであり、プレーヤー自身が自分を含めてチーム全体を組織（オーガナイズ）する力であり、ほかのプレーヤーと共に組織者（オーガナイズする者）になる[※46]」と述べています。

以上のことを踏まえても、チームの問題を扱う場合はフィジカルやメンタルの強化やテクニックの上達といった、部分的なところからアプローチすべきでないことは明らかです。

一般的な意見とは逆に、総体的にオーガナイズする能力（まさにフットボールする能力）を向上させることで、特定の競争力（フィジカル、メンタル、テクニックなど）も向上することがわかってきました。総体的な知性が高ければ高いほど、特定の問題を扱う能力も高くなるのです。

フィジカル・コンディションというのはプレーそのものに内在しています。私たちは複雑なものから推論を引き出す難しさに屈してしまい、本質とは関係のない付随したものによって納得する文化の中にいたのではないでしょうか。

フットボールに対して筋道だった質問をしていくのです。真正面から探求していくべきです。学習は、豊かさをもたらしてくれます。知識があるように見せたいがために、不確定な要素を根絶することは止めなければいけません。

●ドラムでもピアノでもなく、ジャズを聴く

「正直に言って、僕が生きるも死ぬもチーム次第だ。僕のプレーには仲間が必要だ。一人が相手のマークを振り切って、もう一人が僕のために短い距離を動いてくれなければ、僕は僕になれない。チームメイトなしでは、僕のフットボールは意味をもたないんだ」

――チャビ・エルナンデス　現バルセロナ

プレーとトレーニングのさまざまな方法を調査するために、サン・セバスティアンを本拠地とするレアル・ソシエダへ立ち寄りました。そのとき、リージョの心地よく響く言葉の裏には素晴らしい考えが隠されていると確信したのです。

スペクタクルなトレーニングを包み込むシンプルかつ揺るぎない眼差しの中には、驚くべき判断があふれていました。

理念、多様性との合意、毎回のトレーニングでその本能を表現する方法……、それまで

実際に見たことがなかった出来事が目の前で現実となって現れたのです。

こんな経験をしました。ある晩、ドノスティアという街でジャズのコンサートに招待されたときのことです。そこはアルタミラの洞窟と並ぶ、旧石器時代のアルチェリ洞窟の壁画をテーマにした芸術的な場所でした。

演奏が始まって10分もたたないうちに、私は次のような発言をしました。隣席の音楽学生に、「ドラムが上手だね」と小声で言ったのです。正直なところ、ドラマーの演奏が最も私の注目を引いたからです。

それに対して、学生ははっきりとした口調でこう答えました。とても明瞭な内容です。

「僕はドラムを聴いているのでもなければ、サクソフォーンやピアノを聴いているのでもありません。ジャズを聴いています」

彼がそう断言した瞬間、ハッと我に返りました。私自身のものの見方が、分離や分析によって習慣化してしまっていたのです。

もちろん、特定の役割を果たしている楽器はいくつかあります。しかし、その楽器が単独でジャズを奏でることはできません。私たちを包み込むようなメロディーやリズムは、すべての楽器が関連性を持って一致したときにはじめて生み出されるものなのです。

フットボールチームも同様で、プレーヤー間の関連性に注目すべきです。

私たちは、チームの機能を正当化するために、分担した役割をプレーヤーに与えることに慣れ切っています。全体ではなく部分を別々に見ているのにもかかわらず、部分的には整合性のある説明がなされ、よりいっそうの混乱を招くのです。

プレーヤーを〝役割を担う者〟から〝機能を担う者〟に変えるために、状況をひっくり返すべきです。そうしないとチームは多数のプレーヤーたちが集合しただけになり、一つのチームにはなれません。

リージョのトレーニングと音楽学生の言葉は私の疑念を晴らし、目を覚まさせてくれました。

アルゼンチンの学者ローランド・ガルシアもこのように明言しています。

「システムの集合体をシステムの機能と呼ぼう。役割という言葉は、全体のシステムの機能にサブシステムが及ぼす行為を割り当てるためにある[※47]」

２００８年の欧州選手権で優勝したスペイン代表を例にして具体的なケースを見ていきましょう。

バレンシアのアルベルダは予選での出場時間が非常に長く、本大会でも確実に出場するミッドフィルダーの一人と言われていました。ところが、バレンシアでレギュラーから外され、さらにはベンチからも外れると、ついにスペイン代表監督はアルベルダの代役を招集することにしたのです。白羽の矢が立ったのが、ビジャ・レアルのマルコス・セナでした。

セナもアルベルダと同じようなポジション（スペース）でプレーします。よって、私たちを魅了した輝ける集団、シルバ、セスク、イニエスタ、チャビ、ビジャもしくはトーレスが同時に出場したときに起きるバランスの崩れをケアするための抜擢だと想像されました。

おそらく古典的なパラダイムの見方をしていたら、セナとアルベルダの違いを発見できなかったでしょう。セナはアルベルダとはかなり異なる特徴のプレーヤーだったことが、両者の代表でのプレーを対比することでわかったのです。実は、セナには素晴らしい洞察力がありました。

欧州選手権の終了後、セナは重要な役割を担うバランサーだったと語られていましたが、私は彼のプレースタイルは一般的なバランサーではなく、ほかのプレーヤーと同質だったと感じました。

つまり、セナが見せた調和の取れたプレーは、ほかのプレーヤーとの相互作用から生まれたことになります。彼自身の能力も、そして、ほかのプレーヤーの能力も高められたのです。

プレーヤー同士を比較するのではなく、チームの機能から各プレーヤー、または各プレーヤーからチームの機能に対する貢献を比較することが大切です。

たとえばどんな人であろうと、今いる人たちと一緒の時よりも、ほかの人たちと一緒にいたほうが、より強い力を発揮できることがあります。プレーヤーの競争力や技術力だけに翻弄されることなく、所属するチームのプレーモデルへの適合、不適合の度合いを考慮することが重要なのです。

2-2 スタープレーヤーがチームが変わると活躍できない理由

リーガで最も完成されたサイドバックと呼ばれているのが、ブラジル人のダニエウ・アウベスです。まるで彼のプレーに合わせてチームがつくられているかのように、バルセロナで素晴らしい活躍を見せています。

「まったく迷わなかったな。僕にとってピッタリのチーム。だから、バルセロナに来たかっただけさ」

——**ダニエウ・アウベス** 現バルセロナ

（２００９年１月29日　スポルト紙にて）

２００６年のバロンドール受賞者であり、同年のドイツW杯でイタリア代表として優勝を成し遂げたファビオ・カンナバーロ。彼がイタリアのカルチョで存分に力を発揮した理由は、ほかのプレーヤーとの相互作用が引き起こした結果でもあります。

イタリア代表のディフェンス組織がボールの後ろに人数を集めるというやり方を採用する限り、カンナバーロは常にチームに貢献しやすい状況にあります。コントロールすべきスペースは限定され、ただちにチームメイトの応援が来るからです。

ビルドアップの組み立ても非常に単純で、彼は隣にいるプレーヤーとだけ関係を持つにとどまっていればいいのです。無理をしてまで攻撃に参加せず、滅多に最前線のプレーヤーと関係を持つことはありません。

このような状況であればこそ、カンナバーロは世界最高のディフェンダーにふさわしい荘厳な姿を見せてくれるのです。

しかし、レアル・マドリードの一員としてということになると、話はまったく違ってきます。

なぜなら、相互作用の状況が完全に逆だからです。近くにいる多くのプレーヤーを助け、攻撃の状況を作り出す作業に参加しなければなりません。相手フォワードの前線からの守備を無意味なものにし、簡単にボールを渡さないようにしながら前進しなければならないのです。また、広すぎるスペースでテクニックのある相手と一対一を繰り広げるなど、かつて経験したことのない守備をしなくてはなりません。

かくして、バロンドールを獲得したプレーヤーとはまったく違った姿を、私たちに見せることになりました。

ここで私たちは、考える必要があります。フットボールプレーヤーの話をするとき、実際はそのチームメイトやチームとの関係を切り離せないはずなのに、それらの文脈的価値を軽視してはいないでしょうか。

商業的価値だけを考えて新戦力を獲得する傾向が強まってきています。そのプレーヤーが本当に生かされる環境かどうか、契約の時点では考慮すべき要素が無視されているように感じます。

しかし、そのような状況下にあっても、賢い補強をした例があります。イングランドのリバプールがフェルナンド・トーレスを獲得したことです。

リバプールは自陣にプレーヤーを集め、最後列のディフェンダーの後ろのスペースを絶対に空けないチームです。攻撃はボールを取り返してから素早く前線のスペースで展開するので、マドリード出身のフォワードにとっては最高の文脈がそこにありました。

また、次の第3章でも詳しく触れますが、〝文脈の形成に著しく影響を及ぼし、その特徴を決定づけるプレーヤーがいる〟という意見に賛同します。

チャビやイニエスタがいなければ、バルセロナは別のスタイルになってしまうでしょう。セリエAのACミランであれば、ピルロがいなければカカやセードルフが相手ディフェンスのブロック内に入り込む回数は激減するはずです。

しかし、チャビ、イニエスタ、ピルロの才能も周りのチームメイトなしでは霞んでしまいます。結局のところ、人間の能力というのは自分が立っている舞台に大きく左右されます。自らを取り囲む環境次第で、出せる力の大きさは違ってくるのです。

2-3 プレーヤーたちを強く結びつけるために（新しい補完性の考え方）

「チャビ、イニエスタ、シルバ、セスク、セナらと一緒にプレーし、理解し合うのは簡単だ。彼らと一緒であのようなプレーをしないのなら罰が当たるだろう。代表チームでは全員が楽しんでいる。プレーしていてそれがわかる。僕たちは素晴らしいプレースタイルに関わり、

「一体感があるんだ」

――シャビ・アロンソ　現レアル・マドリード
（２００８年11月19日　アス紙にて）

これまで本書を通して伝えてきたことは、プレーヤーというのはチームの存在意義を作り出す主体であり、彼らが最高の技術を披露するためには適切な文脈を必要とする、ということです。

次にこう考える必要があります。

そのプレーヤーたちを、どうやってより強く結びつけるのか？

著しく特徴の異なったプレーヤーたちを同じ空間で一緒にプレーさせて、いかにしてアイデンティティと独創的な文化をつくり出していくのか？

たとえば、「チームの誰もが自分のアイデアだと感じられるような、素晴らしい考え方の中でチームがつくられる[※48]」ことが可能だとしましょう。プレーヤーたちの生来の能力に明確な類似点を持ち合わせていないのだとしたら、相違点を補うために類似点を見出す必要があります。

実は、ブスケッツとヤヤ・トゥーレのプレースタイルはまったく似ていません。しかし、よくよく考えてみると、二人の中に共通項を見出すことができるのです。

たとえば、両者ともチームのボール回しに貢献する素質があり、前線のプレーヤーにいかなるミスがあろうとも、即座に対応しカバーすることができます。さらに、プレーヤー間の亀裂を防ぐことができ、チームの秩序がひどく乱れた場合は、プレーを止めるべき瞬間を知っているという抜け目なさもあります。

このようにプレーヤー間に共通項を見出せないのなら、チーム間の競争を促すことも難しいでしょう。

スペインの哲学者フェルナンド・サバテルは、「モノゴトの表面的な違いの後ろに、どんな共通項があるのか[※49]」を私たちに特定するように促します。すべてのプレーヤーが同質であるというのは現実的に不可能です。しかし、共通項があればあるほど理解し合える可能性が大きくなるというのも確かです。

補完しなければならないことを、矛盾や敵対するものとして捉えることを控えるべきです。補完性を排除して、完璧なプレーヤーを11人並べたところで（現実にはありえませんが）完璧なチームにはならないことは容易に想像できます。

さらに、プレーヤーの多様性が自動的に組織されて、「個々のモチベーションを一つにまとめるプロジェクトが存在するとき、共生は容易になる[※50]」ということが言えます。しかし、このような条件であっても相互作用が制限されるならば、調和しないプレーヤーを並べるだけに過ぎず、何も意味を持ちません。

スペイン代表とそのプレーの解釈を思い出してみてください。

あれほど心のこもった共生はどこから生まれるのでしょうか。プレーヤーたちが素晴らしい人間性の持ち主であることも確かですが、互いが互いを必要としています。熟練の技術を見せるためには、共生する必要があるのです。彼らは互いを理解せざるを得ません。これが自然な補完性なのです。

そうしたグループのつながりというのは、ピッチ外やトレーニングを通して探そうとしてもなかなかできることではありません。実際のゲームの中で達成するしかないのです。

2-4 フットボールの原則から解き放たれよ

「現実の世界の法則は、理想化された論理的世界の法則とはあまりに違うので混乱してしまう」

――ゲルト・ギーゲレンツァー

「考える必要を失くすために誰も議論しない知識を受け入れるより、考えて議論した後に知る方がよい」

――（心理学者／ドイツ）

「新しいアイデアを考えることほど素晴らしいことはない。新しいアイデアが機能することを確認することほど素晴らしいことはない。新しいアイデアが我々の目的に役に立つほど有益なことはない」

――フェルナンド・サバテル（哲学者／スペイン）

――エドワード・デボノ（コンサルタント／イタリア）

「変化に対して寛容ではない」「規範に身を任せることを好む」「普遍的とされる真実と合わない発言を疑う」。このような世界を私たちはさまよっています。そしてフットボールの世界もまた、新しい時代の合理的な考えに対する抑圧から免れていません。

例外というのは、以下の条件に限って出現します。

・節度を欠いた人間が、命令を無視する。
・独自の判断を持っていると感じた人間が、知識人の頭脳に革新的な概念を持ち込む。
・台本に新たな文字を書き込もうとしたり、繰り返されてきた質問に異なった答えを導き出そうとする人間が現れる。

もしも、クライフやサッキ、ジダン、リケルメが本能に従わなかったら、どんなことが起きたか想像してみてください。彼らがフットボールの原則を重視し、自らの現実を歪めていたらどうなっていたでしょうか。

アルバート・アインシュタインは、「規制された教育から、好奇心が生き延びるのは奇跡だ」と警告しています。

監督とは、「現在の秩序に疑いを持ち、一般的に受け入れられていることとは違った説明を探し、正しいとみなされていることに常に批判的であるべき[※51]」なのです。形式とされていることの反対側に顔を出し、その裏を見るべきです。

ありがたいことにグアルディオラはフットボールの原則を疑問視します。

〝両サイドバックは、同時に前線に上がることはできない〟というフットボールの究極の原則によれば、アウベス、アビダル、シウビーニョは試合中ずっとそれに背いていることになります。

現代的なゴールキーパーは、足でゲームを制御すべきだと言われていますが、結局、それは味方ディフェンダーへのセーフティーなパスを指しています。しかし、バルセロナのバルデスは違います。ビルドアップの際のボール回しに積極的に加わることで、両サイドバックが同時に上がることを可能にしているのです。

また、センターバックはとにかく守備的であるべきだと言われていますが、それを聞いたらピケとマルケスは熱にうなされることでしょう。彼らがボールを持って前線に上がるおかげで、フリーになるプレーヤーが現れ、バルセロナの特徴的な攻撃が生まれるのですから。

イニエスタとチャビは体格的なハンディを克服するために、ほかのプレーヤーよりもアピールをしなければなりませんでした。そんな彼らだからこそ、体力を消耗し切ってしまうエリアでも、決して逃げることなくプレーし続けられるのです。この二人は、体を鍛えて相手プレーヤーとぶつかることにはまったく興味を示しません。連係を重視したフットボールを楽しんでいるだけなのです。ひ弱な外見と反比例して、彼らには研ぎ澄まされた決断力があります。

ものごとは私たちが考えている通りかもしれません。いや、その正反対もあり得ます。

「フットボールに絶対的な真実はない[※52]」とメノッティは語ります。なぜなら、「人も出来事もロジック通りには機能しない。それほど簡単なものではなく、予測はできない。数学の方程式のようにも解けない。ロジックによって整理される解答では及ばない世界なのだ。システムを操るためには、相互に影響し合う要因の組み合わせを見なければならない。原因と結果だけの単純な連続を見る考え方では不十分だ[※53]」ということです。

ここで、バルセロナの対戦チームに、フットボールの原則を当てはめてみましょう。バルセロナのウイング（メッシ）がボールを受けたとき、相手のプレーヤーはドリブルで抜かれたり、利き足でボールを蹴られることを防ぐために、「守備のサポートはインサイドのミッドフィルダーが中央で行う」という原則に従います。しかし、この対応は問題の全貌を見ておらず、ごく小さな部分の解決策でしかありません。

このサポートでは、ほかのプレーヤーもポジションを大きく動かす必要があります。そうしなければ、前のスペースを狙って前進するミッドフィルダー（チャビ、グジョンセン、あるいはケイタ）に自由を与えてしまうからです。そして、反対側のウイング（特にアンリ）に、カットインしてペナルティーエリア内に進入する状況を許してしまうのです。

それではバルセロナの思うつぼです。つまり、本書で一貫して語ってきたように、部分的なプレーしか見ていないことになります。原則に頼って狭い現実にとどまるのではなく、プロセス全体を見て広い現実を眺めなければいけません。

私たちは、原則に囚われない気質を身につけたいと願っています。しかし、それは同時に、今のフットボール界では変わり者のレッテルを張られることにもなります。どうか、そのことを忘れないでください。

2-5 主体となるのは監督ではなくプレーヤー

「人は、空間的な状況の不確定さが大きければ大きいほど、周囲の人々との相互関係が強まる。従って、より決断の行為が刺激されてプレーヤーの裁量が試される」

――パコ・セイルーロ　現バルセロナ　フィジカルトレーナー

「周囲の環境との間で行われる変化と複雑さに満ちた相互作用（社会的な交易）の中で、役割を果たすことや、意味を見出すことを、各自が繰り返す中で人々は賢くなっていく」

――G・ヘネシー

「最も重要でないものは、私の道理だ」

――シルビオ・ロドリゲス
（ジャーナリスト／コロンビア）
（音楽家／キューバ）

このセクションで語る内容を要約すると、習得はプレーヤーの精神的な働きに委ねられている、ということです。そう、私たち監督は、プレーヤーの精神的な働きに従うのみなのです。

人は積み上げてきた経験を利用して出来事を解釈しています。要するに「我々が創造するものは、我々が誰なのかという表現である」[※54]ということなのです。

プレーヤーは一つひとつのプレーに自分の気持ちを込めて、巧みに動こうとしています。

ゲーム中に似たような状況に直面しながら、かなり異なった反応をするプレーヤーを私はよく目にしてきました。これはまさに、「観察者の観点や位置取りによって、観察する出来事の感じ方に影響がある」[※55]ことと言えます。

仮に、それぞれの固有の観察や情報の受け取り方が白日の下にさらされるなら、プレーヤーを白紙の状態にすることは無理だと気づくはずです。なぜなら、「習得とは内部の再構築[※56]」にほかならないからです。

「習得とは、ほかから送られた信号を受け取ることと、ほとんど関係がない。そのわけは、我々は自分自身の教師であり、自分自身がやるすべてのことから学べるからだ[※57]」

習得をこのように定義するなら、チームの戦術に最も大きな影響力を持っているのはプレーヤー自身だということになります。

メッシが最高レベルのプレーヤーに到達する方法を、誰かから教わったと思うでしょうか。相手プレーヤーの予想を外すために、あるいは過度のプレッシャーを避けるためにウイングの特徴はどうあるべきか。それらを自分自身のスタイルではなく、ほかの誰かによって示されたものだと考えるでしょうか。マルケスの前線に上がるタイミングや磨かれた感覚は、他人が教えたのでしょうか。

生物学者のウンベルト・マトゥラーナが言っています。

「すべての合理的な組織には感情的な基盤がある。それゆえ、最初から納得することを前提にしていない人間を納得させることはできない。また、納得させる合理的な論拠は存在しない[※58]」

メッシやマルケスに、いや、すべてのプレーヤーたちに教えることなどできないのかもしれません。

私たち監督は、プレーヤーの省察から生じたものをコレクト（収集）しているにすぎません。プレーヤーは、「能力を使うと同時に能力を創り出している」のです。

だとすると、監督はフットボールに対して何も貢献できないのでしょうか。

私たちがすべき仕事は、プレーヤーが自分自身の真価を発揮できるように助けること。プレーヤーが頭で理解していることを早く表現できるようにすること。そして、プレーヤーの内在している才能を感じ取ることです。

ジャーナリストのエドゥアルド・ガレアーノが言うように、「人は、自分がそうだと知っている以上の存在[※59]」なのです。それゆえ、時にはプレーヤーに到達点を意識させ、気づいていない可能性を示してあげなければなりません。

そう、監督はそのくらいのことしか貢献できないのです。

それなのに、残念ながらこのスポーツの主人公であるプレーヤーたちは、監督たちの示した知性に投降するのみでした。

監督のインスピレーションに頼っていては、試合中に危険な状態に陥ることは避けられません。なぜなら、プレーヤーから判断力を奪っているからです。チームの可能性は著しく減少し、さらにはフットボールをプレーすることに対する興味も減少していくでしょう。

一般的に私たち監督は、トレーニングというのは試合中に出くわすあらゆる問題を解決するもの、と確信しています。しかし、実際のトレーニングでできることは、判断の方法を改善することと、プレーヤー同士が正しい関係を結ぶように修正することだけなのです。

自分の知性を使おうとしないプレーヤーを改善し、見当違いの補完性を強める目的はトレーニングにありません。

監督が、理解力に乏しくても従順なプレーヤーを好む理由は、監督の判断を押しつけることによって、そのプレーヤーに役割をこなす能力を与えたと思えるからです。

一方で、自分の知性を駆使しようとするプレーヤーは、監督の判断ではなく自分自身に従います。誰もセスク、シルバ、チャビにやるべきことを言う必要などありません。しかし、残念ながら私たち監督は、前者のタイプを好む傾向があります。

規律に厳しいことで知られるセリエAのASローマに籍を置いていたグアルディオラは、「私は規律に従える。私は私の頭脳以外なら何でも捧げられる。しかし、私の考えは私のものだ」[※60]と言っています。

まさに、この言葉のエッセンスが彼のチーム作りに成功をもたらしています。そして、次に記載する思想家ロヘル・シウラナの人間についての概念を、チームが最大限に活用していることを意味しています。

「戦略を創造し、自分たちの間で相互作用し、任された役割以上のことをこなす主体であること。組織が割り当てる価値を繰り返すことに専念するだけの主体ではないこと。社会のエボリューション（進化）の中での個人が自立すること。規格化、標準化された主体ではなく、戦略家であるところの主体が相互作用するとき、社会は創造的になる」

再び私たちの行動を活性化させましょう。そのとき、洞察力が息を吹き返し、新しいことに対して覚醒し、即座に機転を利かすことが可能になります。一つひとつの行動に意義のある兆候を見出す手段を手にすることになるのです。

◉監督はチーム内の一つの駒にすぎない

「人間の頭脳（行動力、認知力、知力、学習能力を付与された生物器官）なくして文化は存在しない。すなわち精神、つまり意識や思考なくして文化は存在しない」

——トーレス・ソレル
（社会学者／コロンビア）

「メソッドは、プレーヤーに一連のことができるようになる可能性を与えるが、ほかの一連のことができなくなる可能性も与える」

――J・M・リージョ
（フットボール監督／スペイン）

客観によって得られたすべての知性は、主観によって検討し修正され、著しく影響を受けて丹念につくり上げられます。また、客観はさまざまな人々の考えによって扱われるので、決して同じものにはなりません。

「我々は自然と調和した振る舞いによって、この世界に存在している[※61]」ので、各プレーヤー固有のプレースタイルを発展させるためのオーガナイズは、主体であるプレーヤーたちに有利でなければなりません。そうでなければ不自然です。

また、「我々の現実は、我々のアイデア（考え）以外の何物でもない[※62]」ので、プレーヤーたちの現実的な理解から離れた命令は馬鹿げています。

以上のことから、プレーモデルはそれを体現しなければならない。プレーヤーたちの必要性に合わせるべきなのです。

プレーヤーの能力を無視して、監督が望むプレーを強要することはできません。それははっきりとしています。メソッドは通用しません。繰り返しになりますが、システムをより機能させる新たな知恵を搾り出すこと。また、チームワークが頻繁に表れるようなトレーニングの設定が必要になるでしょう。

ホルヘ・バルダーノは、「プレーヤーが描くチームデザインは、監督のアイデアより大きな影響を持つ」と断言しています。私たち監督の役割は、つまりコーディネーター的（調和して機能させる）な立場へと容赦なく追い込まれていくのです。

監督はプレーヤーたちの間で起きる際立った相互作用やフィードバックを調整すべき一つの駒です。高度なレベルのインストラクターを自認してはなりません。そうでなければ、論理的なプロセスを歪めるだけの存在になります。

プレーヤーたちはボールを絆として、共にプレーしながらパフォーマンスを向上させます。コーチングスタッフはプレーヤー間での考えを伝達する媒介になり、プレーヤーがやりたいことをさせてあげるべきです。

「自分ができることをする機会に恵まれたときほど、モチベーションが高くなることはない」※63

ボールを失ったプレーヤーに対して、ただちに自陣まで下がって守備に回れと命令するバルセロナのコーチを想像してみてください。いつもボールを丁寧に扱って楽しんでいるプレーヤーたちは、その最も大切な時間を取り上げられてしまうでしょう。自然かつ生理的につくり上げられているものを変えようとすることに、抵抗が生まれることは間違いありません。

それゆえ、多くのスタープレーヤーは、前線からの激しいプレッシャーを躊躇なくかけていきます。彼らの喜びに満ちたプレーの理由が、よく理解できます。

さて、次の章ではいよいよ、複雑性のパラダイムの原理とバルセロナの組織の関係を紐解いていきます。

Chapter 3 バルセロナのプレーに秘められた原理

「複雑な思考は分析する考え方を補足すべきものである。それは、組織を想像できる知恵、組織を再結合できる知恵、組織を包括的にとらえる知恵、組織を文脈で解釈できる知恵によって補足する」

――ゴメス・マリン（大学教授／コロンビア）

―ヒメネス（社会学者／コロンビア）

3-1 バルセロナの全体像をつかむために

バルセロナの全体像をつかむという目的のためには、古典的な科学が持つパラダイム（原因と結果という一方向的なパラダイム）から、一貫した広い観点を持つ新たなパラダイム（複雑性のパラダイム）へとシフトする必要があります。

そこでエドガール・モランの理論を基盤にして、この目的に近づいていきましょう。フランスの哲学者エドガール・モランは、複雑性のパラダイムを最も高い位置に押し上げた人物と言っていいでしょう。

私たちを前述の目的に導く手立てとして、エドガール・モランの理論にのっとった一連の原理を明確に述べていきます。

この原理とは「考え方や振る舞いを決める基本的な規範やアイデア」[※64]であり、目標に対して首尾一貫するためのルールです。原理の確立（設定）や適応なしに目標を実現することはできません。すべての願望とすべての目標には、避けることのできない取り決めとしての原理が含まれているのです。

したがって、省察がデカルト的な方向へ戻らないように複雑性の観点を持ち続け、一連の原理を伴うようにすることが肝要です。

本書のＰＡＲＴ２では、グアルディオラが率いるチームの本質的な特徴を、はっきりと判別していきます。そのためには、より適切に、より整然とした現実の見方を身につけなければいけません。その鍵となるものを整理してくれるのが、エドガール・モランが唱える原理なのです。

◉ボージャンの自然なプレー（組織化の原理）

「全体の組織化は次のモノを創り出す。クオリティ（質）、プロパティ（属性）、孤立しているとみなされる部分の新しいプロパティ（属性）。つまり、今までそこになかったものが生み出される」

――エドガール・モラン
（哲学者／フランス）

体系的な見方をするために、〝関連と統合の観点から全体を把握することが必要だ〟と本書では述べてきました。一つの部分が全体から切り離されたように見えていても、部分はあくまでも所属する集団に基づいており、その集団の構成によって意味を持つものとなります。したがって、すべてが全体の文脈と関連があるのです。

プレーヤーの重要性は、そのときの状況が決めると考えるのが適切でしょう。

ボージャン・クルキッチはエル・ムンド・デポルティーボ紙に、「回を重ねるごとに、自分のすべてのプレーが自然になっていることを幸せに感じる」と語っています。

おそらく、ここで言う「自然」とは、組織としてのつながりが彼のクオリティ（特質）を尊重していることを意味しています。また、チームメイトとの関係から生み出される生産性が、彼の潜在能力を最大限に生かしているのでしょう。まさに、ボージャン自身が組織化されたことを証明している発言です。

そのプレーヤーのプレーのクオリティを評価するには、組織化のプロセスを考慮に入れることが必要不可欠です。

◉バルセロナらしさは各プレーヤーの中にもある（ホログラムの原理）

ホログラムの原理……物理学でいう意味のホログラム（訳注：レーザー光線を使って立体画像を記録したフィルム）では、ホログラムの像のどんな小さな点でさえ、映し出されている物体に関するほとんどすべての情報を含んでいる。部分が全体の中にあるだけではなく、全体が部分の中にある。これは社会学の世界にも存在する。

――エドガール・モラン
（哲学者／フランス）
『複雑性とはなにか』（国文社）より

「一つの細胞は身体全体の一部にすぎないが、一つひとつの細胞の中には遺伝情報のすべてを含んでいる。つまり言い換えるなら、我々個人は全体の一部でしかないが、言語、文化、規範を介して遺伝的歴史的遺産のすべてが個人の中に存在している」

――エドガール・モラン
（哲学者／フランス）

チャビやブスケツがチームプレーの合間に見せるテクニック、ボールの保持、パスなどの特徴の中に、バルセロナの特徴が表現されています。

攻撃態勢が有利な状況になるまで、前にいくスピードを遅くして、味方が近づくのを待ち、コンパクトな攻撃ブロックを形成する。こういった振る舞いは、バルセロナのプレーヤーはすでにできています。パスの一本一本が関連し合う形は、（還元主義にとらわれない精神を持って見るなら）完全なプロセスを持ち合わせていることがわかります。関与するごとに、パスの受け手のその後の行動までも暗示しているのです。

「イニエスタは生まれつきバルセロナのプレーを身につけている。彼はフットボールを感じている。だから誰よりもフットボールを理解しているんだ[※65]」

セイドゥ・ケイタのこの発言は、私たちが追い求める原理を明確にしてくれます。

すなわち、完成されたプレーモデルの規範、振る舞いの原則、理解し合うためのコミュニケーションツール、文化は、各プレーヤーとそのプレーヤーを取り巻く環境、意図、サブシステム（それ自身がシステムでありながら、同時にほかのシステムの一部でもあるものを指す）の中にも存在しているということです。

それらは、彼らが自らつくり出すもの、あるいはすでに内在しているものであって、ほかから与えられるものではありません。

ホログラムの原理によれば、バルセロナのプレーのすべて（バルセロナらしさ）は、一人ひとりのプレーの中に見て取れる、ということです。

◉スタメンが同じでも、同じ結果は得られない（フィードバックループの原理）

この原理は、私たちに原因と結果の間にある単純ではない関係性を説明しています。

事実や結果を観察するとき、人はそれを引き起こした原因を一つだけに絞ろうとします。しかし、いずれの場合であっても、結果は一つの原因から導き出されるものではありません。複数のフィードバックによって導き出されるのです。

一対一の因果関係を信じ込んでいると、過去の類似した解決策の探求を繰り返すことになります。さらに、たとえ同じ結果であっても過去の出来事が異なる起源に由来する場合、大きな過ちを犯すことになるかもしれません。よって、似たような起源から異なる結果が生まれることもある、ということを決して忘れてはならないのです。

部分を有機的につなげることで全体をオーガナイズする一方、以前は持っていなかった質を与えるために、部分に対してフィードバックを行います。これがフィードバックループのプロセスでもあり、「原因と結果は循環しており、決して一方向的で単純な関係ではない」ということを言っています。

当然のことですが、監督が同じ先発メンバーを繰り返し起用しても、いつも同じ結果が得られるとは限りません。スペースの状況や体の使い方が似ているのに、そのシュートが決まるときと決まらないときがあるのと同じです。また、パスの出し手と阿吽《あうん》の呼吸でうまくマークを外しても、有効的な状況でボールを受けられることもあれば、スペースや時間が合わないこともあります。

これらは、プロセス全体が数限りない要素の中でフィードバックループを繰り返している、明らかな証拠と言えるでしょう。

同じ人物と同じ状況で始まったプレーがある特定の形で展開され、ア・プリオリ的（先験的）には類似していても、同じ結果は生み出されません。

なぜなら、決して同じ形や同じ強さになるということはなく、複数の刺激によって結果が振るいにかけられるからです。その上、私たち自身による省察や解釈がその度に加わるので、同一の道を歩むことなどありえないのです。

◉生産物であると同時に生産者である（再帰性の原理）

バルセロナを例にして考えてみましょう。

メッシ、イニエスタ、アンリのドリブル。アウベスの大胆な攻撃参加や、サイドからエリア内へ侵入するエトー。彼らのプレーを見てもわかるように、バルセロナは相手の守備ブロックをピッチ中央の縦のラインに引きつけ、必然的に生まれるサイドのスペースを利用しています。

チャビ、トゥーレ、ブスケツ、マルケス、ピケらが中央のスペースを支配することが、ほかのチームメイトの潜在能力に意味を与えていることははっきりしているでしょう。また、中央での彼らの仕事も、サイドのプレーヤーが生み出す状況によって意味を与えられています。

すなわち、中央のスペースで相手プレーヤーを引きつけるプレーがなければ、サイドでの良いプレーは生まれません。また、その逆もしかりです。あくまでも相互的な関係が必要ということです。

ホセ・アントニオ・マリーナは、「私たちがつくり出すものが、私たちをつくっている」[※66]と述べています。つまり、製品は同時に、生産者でもあるということになります。

エドガール・モランの言葉によると、「生産物であると同時に生産者である。つまり再帰とは生産物や結果であると同時に、それらを産出する生産者や原因である」[※67]ということなのです。

エドガール・モランの言葉をフットボールに置き換えると、プレーヤーたちはプレーモデルを生み出します。と同時に、そのプレーモデルが振る舞いの有り様を伝えながら、プレーヤー自身を生み出していきます。この再帰性の原理を通して、チームは独自のシステムを作り上げていくのです。

◉コインの両面を調和させる（自己組織化の原理）

「システムというのは、偶発的あるいは周囲への適応によってのみ方向性が決まるものではなく、構造的な方法によって方向性が定まる。しかし、周囲の環境抜きに存在することはできない。システムは周囲と相違を保つこととその生産物によって、構築され明らかにされる。そして、この相違を調整するために境界を利用する」

――ニクラス・ルーマン（社会学者／ドイツ）

自己組織化とは教わったり、命令されていないのに自然に秩序が生まれてくることを言います。では、どのようにその秩序は生み出されるのでしょうか。この場合の秩序をバルセロナで言うところのプレーモデルと考えてみましょう。

自己組織化は、集合にシンプルでわずかなルールを繰り返し適用していくことで自然発生的に秩序を生み出します。例えば、バルセロナの場合は次の４つのルールが当てはまるかもしれません。

●ボールを回すこと
●相手を引きつけるためのドリブルをすること
●プレーヤーたちの距離を縮めてコンパクトフィールドを形成すること
●ボールの周りにプレーヤーを集結させること

ボールを持っている、持っていないに関わらず、この４つを連係のルールとして繰り返す中でバルセロナの整然としたフットボールが出来上がると仮定できます。

また、自己組織化のプロセスではチームを機能させるための振る舞いが文脈を修正し、逆に文脈が振る舞いを修正するのは明らかです。フットボールチームとは、「組織的には閉じられ（外部によって組み立てられる代わりに、自分自身を構築し生産する）、情報的には開かれている（絶え間なく情報を獲得しながら生産する）」組織です。[※68]

その中でプレーヤーは周囲に依存し、プレーモデルにも依存しています。同様に、プレーモデルは周囲に依存しているのです。この場合の依存とは、プレーヤーの自立を排除するのではなく、自立を促すものです。

プレーモデルの自然発生は、チームが新たなプレーモデルを許可するか否かを調整しながら、チームに秩序と発展する力を与えます。これらの現象は、プレーヤー間で起きる相互作用やチームの外部の要因（環境）＝対戦相手などから発生する可能性があります。

チームというのは、それまでになかったプレーモデルが生まれたことを確かめるために、その内部や外部で絶え間なく起きる変動を前にしながらバランス（平衡）を取ろうとします。

プレーヤーはプレーモデルに依存することを受け入れるべきです。このときプレーヤーは自分自身に忠実であることと、自身の能力がプレーモデルを形成することを忘れてはいけません。それは、可能性を減らさないようにしながら最高の手段とつながり、貢献すべき依存を自らに課すことで成し遂げられるのです。

自立と依存（当然、混合しているが）を、一枚のコインの両面ように調和させる能力を持つべきです。コインの両面には別々の図柄が描かれていますが、結局、そのコインは同じ一枚のコインにすぎないからです。

私たちは対戦するチーム（環境）のプレーに依存することで、自分たちのプレーモデルを表現しています。

相手チームの規則性やプレーヤーのポジショニングに応じて重要視しなければならないスペース、またはゴールキックなどからのプレーの再開時の傾向を知ることは、プレーの依存の要素を扱う上で（自分たちの哲学を手放さないかぎり）重要なことです。

が、しかし、決して内部組織は破損させるべきではなく、健全な機能性を保つべきなのです。

常に活発で動的でありながら安定したチームというのは、変化しながらプレーを再生産していきます。そのためには内部と外部の対話が必要です。したがって、システムの外部で起こるすべてのこと（環境）を考慮すべきなのです。

また、各プレーヤーはプレーモデルに影響を与えることが許されているという責任感を持って、自分の最高のレベルを見つけなければなりません。

プレーモデルが個人をネガティブに吸収することはありません。プレーモデルの発展の基礎は、個人の自由を広げることにあるのですから。

◉個人であることと集団への帰属は分離できない（ディアロジックの原理）

ディアロジック（対話論理）の原理……秩序と無秩序は二つの敵同士であり一方が他方を消滅させるが、それと同時に、ある場合には秩序と無秩序は協力し合って組織化と複雑性とを産出する。対話論的な原理は、統一性のただなかに二元性を維持することを可能にする。この原理は、相互補完的であると同時に敵対的な二項を結びつける。

――エドガール・モラン（哲学者／フランス）
『複雑性とはなにか』（国文社）より

これまで守備と攻撃は分けられないと、何度も語ってきました。それはディアロジックの原理のはっきりとした例の一つです。さらにこれから一見、対立しているような観点を持ったモノ同士の必然的な対話について話を進めていきます。

その目的は、相反するとされてきたモノゴトの境界線を壊すことにほかなりません。個人と集団、決定論と非決定論は共存し得るのです。

ホセ・アントニオ・マリーナは、「我々は他人とのつながりを絶って生きることはできないが、ほかの人に溶け込むこともできない[※69]」と、個人であることと集団への帰属は分離できないとはっきり言及しています。

現在のフットボール界には、機械論的なチームと、プレーヤーたちの創造性に厳密に従属しているチームの2つのタイプが存在します。

しかし、どちらのチームも両方の特徴を兼ね備えています。なぜなら、機械論的なチームにも、創造力豊かなプレーが見られるからです。また、プレーヤーたちの創造性にしたがって表面的には雑然としたように見えるチームも、機械的なチーム以上に整然とした内部の秩序を持ち続けているのです。

スペイン人監督ラファエル・ベニテス（元リバプール監督）が率いるチームは、ロボット工学にふさわしい特徴を表すことが多いと言われています。

たとえば、チームとして機能することと、独創的なプレーヤーたちで形成される創造的な豊かさとはかけ離れていると思われがちです。しかしリバプールの場合、ジェラード、シャビ・アロンソ、フェルナンド・トーレスがピッチで結びついたときに、ファンタスティックなプレーが見られないということはないでしょう。

その一方で、バルセロナ、マンチェスター・ユナイテッド、アーセナルのようなクラブでは、秀逸なプレーの中にシステム化されたプロセスと画一性が隠れています。

◉アウベスが新たな手段を持ち込んだ（知の導入の原理）

「組織の中の人々を自分自身の創造へとかき立てる代わりに、組織に対して変化を求める傾向が一層強くなっている。しかし、変化を実践するには激しい戦いが必要だ。一方で、人々があらかじめ変化に関与しているときは、非常に早く変化が実践されることが確認できた」

――マーガレット・ウィートリー
（教育学博士／アメリカ）

――マイロン・ケルナー・ロジャーズ
（コンサルタント、教育者）

「どの監督から一番学んだか？　具体的に一人だけを挙げることはできない。全員から学んだからだ。しかし、プレーしながら自分自身で学ぶことが特に多い。自分の経験からだ」

――ビセンテ　グラナダＦＣ

プレーヤーは観察したことを基にして学習します。実践の中で生まれたアイデアによって、自分のプレーの最後の瞬間に決定を下すのです。

この方法は、「答えを蓄積するのではなく、ただ記憶するだけのものでもなく、質問をしながら、あるいは実践しながら学習するという、知の概念のラディカルな変化[※70]」を必要

図3 バルセロナの新たな攻撃パターン

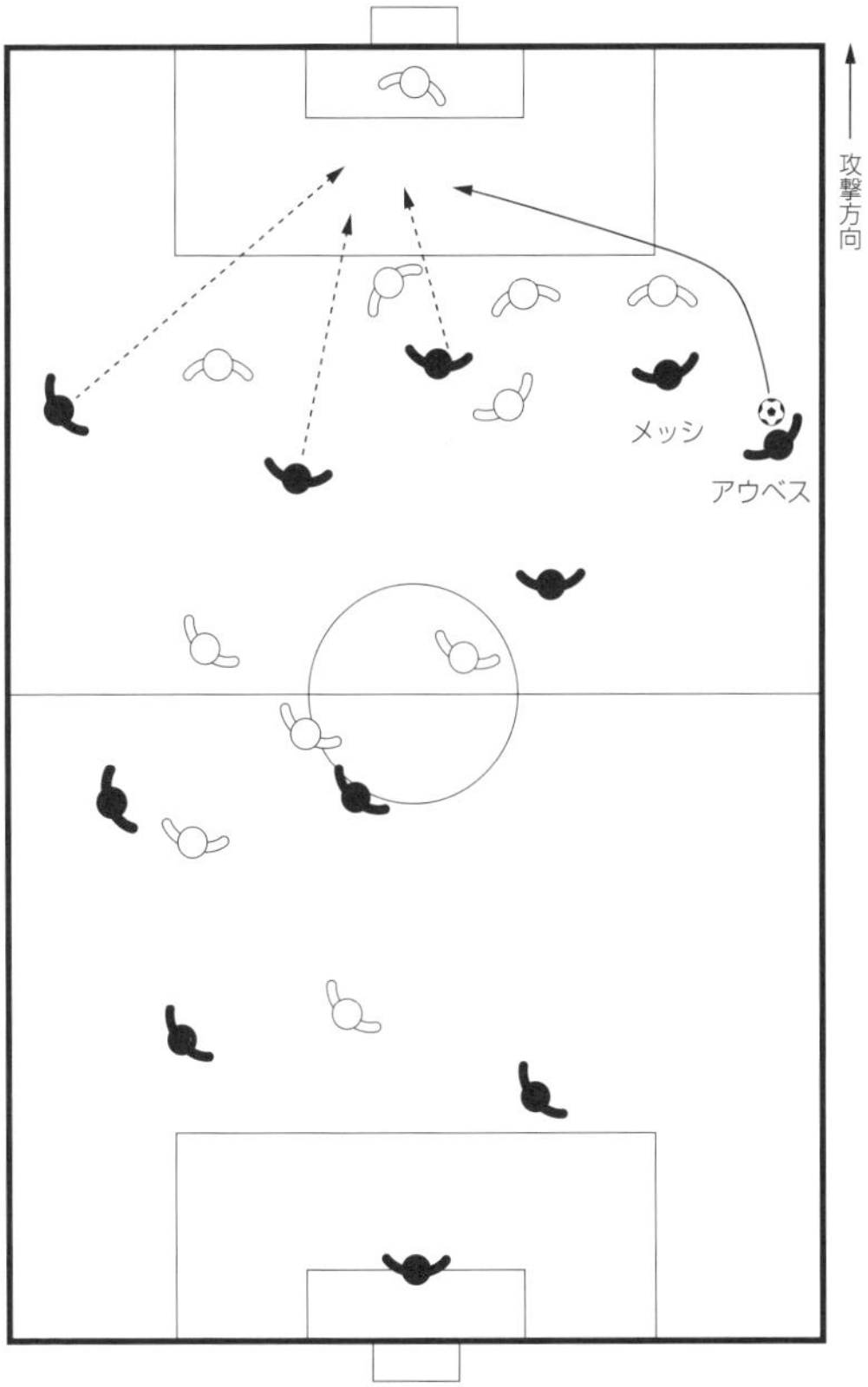

右サイドバックのアウベスがゴールエリア内にクロスを入れる。この攻撃がチームにおいて機能している。

とします。

こうした方法で経験を積んだプレーヤーが主役にならなくては、プレーモデルを進化させることはできません。

また、チーム力を上げるために停滞を防ぎ、常に予測不可能なプレーをしていかなくてはならないのです。そのためには、経験を伴った知に精通したプレーヤーの自発的な提案が必要になります。

その一つの例として、ダニエウ・アウベスが挙げられます。

彼がメンバーに入ってからのバルセロナは、サイドの高い位置からのクロスという攻撃のオプションが加わりました。

それまでは、ワンツーやディフェンダーの間のスペースに素早く入り込んだプレーヤーへの縦パスを多用していました。つまり、アウベスは新たな手段をバルセロナに持ち込んだのです（図3）。

この新たな攻撃のオプションをうまく利用しているのが、逆サイドのウイングや前方のミッドフィルダーであり、サミュエル・エトーです。

セビージャに在籍していたころのアウベスは、シュートがうまく常にサイドからのクロスを受ける準備をしているカヌーテやルイス・ファビアーノのようなフォワードと共にプレーしてきました。そこでアウベスは、このスタイルを磨いたのです。

現在ではこの形が、バルセロナのプレーモデルの一部にもなっています。

◉すべてのピースを結びつけるチャビのプレー（差別化の原理）

特定のプレーヤー、特定のサブシステム、特定のプレーは指導的な役割を担います。

バルセロナはいつも試合を支配していると感じるように、ボールポゼッションを重要視しています。これが成功の要因の一つになっていると言ってもいいでしょう。

絶え間ないプレーの変化の中で一貫して見られるのは、パスの質やマークの外し方がパスの受け手に優位になっている、ということです。

また、プレーの精密化において、マルケス、チャビ、アウベスらがつくり出すサブシステムは大きな影響力を持っています。

このように、システムにおける階級秩序（ヒエラルキー）が設置されているのです。

チャビはイニエスタを、「誰にも真似することのできないプレーヤーだ。チームメイトをより良いプレーヤーにする能力を持っている」[※71]と評します。

この発言は指導役の重要性を語ったものでもあります。チームに指導的な役割を担うプレーヤーがいるときといないときでは、プレーのクオリティがまったく違ってしまいます。指導役がチームのオーガナイズに欠かせない存在であることを忘れてはいけません。この意味においてプレーヤーはみな平等ではないのです。

カタルーニャ地方のスポーツジャーナリスト、リカール・トルケマーダが書いた記事の中で、非常に興味深いものがあったので、少し長いのですが紹介します。２０１３―２０１４シーズンまで契約を延長した、チャビ・エルナンデスを褒め称えたものです。

「バルセロナのフットボールは、ほかのどこよりも精度が高く緻密だ。正確に展開するために、また、各プレーヤーが最高の表現で輝くために、すべてのピースは完ぺきにはまらなければならない。

しかし、いつも同じ方法で挑むとは限らず、ライバル、ピッチ（ホームなのかアウェーなのかなど）、先発メンバーなどに左右される。

そのスタイルはあまりにも純粋なので、地元で生まれ育ったプレーヤー以上に、それを表現できる者はいない。

チャビには、すべてのピースを自然な形で結びつける接着剤の役目がある。

彼がボールを持つと、バルセロナはバルセロナとなって彼の周りに味方が集まってくる。チームの主役となり、チームは攻撃の態勢を整えるのだ。

それは、彼がプレーし始めてからずっと受け入れている責任である。グアルディオラはチャビに対して、敵のディフェンスラインの裏にもっと侵入してほしいと思っている。これはチームがより良く機能するための正しい判断だ。

チャビの関与は、すべてがうまく流れるためには不可欠である。彼が不在だとプレーに数々の支障をきたすにちがいない。時には座礁し、加速しすぎ、ラインが分断し、リズムをコントロールできなくなる。あるいはフォワードが孤立してしまう。

逆にチャビが登場すると、これらのすべてが改善される。パス回しが潤滑になり、相手の動きを中断する時間を作り、チームを一つにする接着剤の役目をこなし、リズムをつくり、フォワードを活性化させる。

これからは、スペイン代表が欧州選手権の本大会以降にやっているような形で肉体的消耗や責任を軽くして、思う存分プレーできるようにしてあげることも重要だろう。具体的には、センターバックが相手のプレッシングをかいくぐり、より高い位置でチャビが働けるようにすることと、いい関係を築けるコンビネーション能力のあるチームメイトを周りに置くことだ。

２０１４年まで契約を更新するチャビは、その才能を常に新たにする能力のおかげで、トップチームで10年にわたってプレーしている。

デビュー当時は明確にプレーを組み立てられるゲームメーカーではあったが、あまり重要なプレーヤーではなかった。ライカールトがチャビをペナルティエリア近くでプレーさせたことで、チャビはほとんど考える時間とスペースがない状況でも最高のパスを選択できる能力を発揮したのだ。

1年前からは、二列目から飛び出してシュートする回数も多くなってきた。現在はキャプテンマークをつけることもある。チームを象徴するプレーヤーになり、大胆なプレーにも挑戦している。

観衆を、そしてチームメイトたちをも引きつけるチャビの最高のプレーを、ますますご堪能あれ[※72]」

◉セスクはアーセナルで指揮者の役割を担う

セスク不在のアーセナル（シャビ・アロンソとぶつかり負傷したとき）がどう変化するのかを予測するという意図で、私がラ・オピニオン・デ・グラナダ紙に書いた文章があります。言うなれば、ピッチ内の指揮者不在が何をもたらすかの検証です。

「クリスマスシーズンのこの一週間は、ほとんどの国でフットボールの灯りが消えてしまう。しかし、イングランドのプレミアリーグの灯りはともったままだ。リーグ戦のスイッチをオンにし続けているだけでなく、祝日の特徴と興業の意味を強調し、ボクシング・デーとして知られる12月26日にも、あえて試合を行う。

人々、少なくとも私は、この贈り物を毎年楽しみに待っている。ましてや、現在のイングランドのフットボールの成長は、疑いの余地がない。

しかし、セスク・ファブレガスのケガによって、今年の楽しみは半減してしまった。しかも復帰まで3、4カ月かかる大ケガである。セスクがフットボールの1つの可能性を示してくれると考えている人々にとっては、間違いなく最悪の知らせだった。

美学と効率が魅惑的に融合したバルセロナのフットボールに近づけるチームがこの世界にあるとしたら、それは間違いなくアーセナルである。だが、それはチームを構成するプレーヤーにおいて、最も決定的なプレーヤーが出場するときに限っての話である。

ボールを保持すると広くポジションを取るチームは、決定的なエリアでスペースを見つけるためにリズミカルで賢くボールを回す。一方で、隠れているスペースがいつどこに現れるかをチームメイトに示唆できるプレーヤーを必要としているのだ。

試合中、常に変わりゆくスペースで、チームメイトが効率よく動くための座標をつくることができるプレーヤーは、地図の制作者でもある。解決すべき問題や提案すべき状況など、常に最新化される海図が頭に入っているプレーヤーがいなければ、ガナーズ（アーセナルの愛称）の哲学は制約されてしまう。

セスクが先頭に立ち、後方のプレーヤーに相手陣内への侵入を促す。少人数での守備を心がけ、多くてもセンターバックのギャラスとトゥーレで危険なゾーンを守るのだ。セスクの後ろ盾があればこそ、サイドバックのクリシーやサニャが長い距離を走る意味が出てくる。ちょうど走り終わるころに、息が上がることもなく絶好の位置でボールを受け取れるからだ。

素人には見えないほどの小さな守備の隙間をボールが抜けてくるので、ファン・ペルシー、アデバイヨールあるいはベントナーはいつでも最後の砦であるゴールキーパーの前に飛び出すことを意識している。セスク自身、『ゴールをアシストするのは、この世で最高の成功感覚だ』と言っている。

セスクがパスやドリブルという指揮棒でリズムを取ると、協奏曲に正確な流れを与える。彼の〝独裁主義〟の周りを、プレーヤーたちがさまざまな軌道で移動する。そして、そのすべては最小限の労力ですむのだ。

フェルナンド・サバテルが『モノゴトが違って見えるその裏に、どんな共通点があるのか』と言うように、部分的あるいは表面的にあれほど異なるプレーヤーたちが、セスクのプレーによって全体や定義されたプレースタイルとの一致を保てるように相違点を補足している。

もし、セスクのような統治者がいなければ、デニウソンやナスリー、復帰したブラジル人のエドゥアルドは平凡な指令を出すしかない。新しいプレーヤーの加入によって対処できなければ、ベンゲル監督の計画は頓挫してしまうだろう」

表面的には、セスク・ファブレガスがいなくてもアーセナルのアイデンティティは変わらないでしょう。プレーの組み立ても同じ基準で、高いボール支配率を続けます。

しかし、高度な観察をすれば、ボール回しやプレーヤーの動きが時間や形において同じではないことに気づくはずです。パスの瞬間とマークを外す瞬間のずれがはっきりと見られ、サイドプレーヤーの攻撃参加がタイミングよく行われないようになります。また、多くの場面で、プレーヤーがボールを止まって待つことになるでしょう。

私たちの見方や感じ方は、複雑な局面や組織全体に対して発動されなければなりません。一見、意味がなく気づきにくい違いにこそ、すべてのチームの成績に差を持たせるのです。

セスクのようなタイプのプレーヤーの重要性は明白です。プレーにおけるチーム固有の法則（プロセスを含む）を明らかにし、どんな小さなことでもすべての可能性で満たすことが一つの鍵となります。

◉ブスケツを投入したことの意味合い（補完性の原理）

チームというのは、ただ有能で競争力のあるプレーヤーを追加することで形成されるのではありません。むしろ、お互いを補い合うプレーヤーたちのグループです。似通った点が多いほど、より簡単に賢く効率的な相互作用を確立できます。

古典的なパラダイムの特徴に説明を費やした中で、補完性についても比較してきました。チーム内のプレーヤーの資質は平等ではないという現実を認めた上で、個人のプレーが相互性に出会い、答えが返ってきたときに適切な相互作用が可能になるのです。スペイン代表は似た特徴のプレーヤーを結合した形で並べ、とびきりの提案を私たちに示してくれました。

２００８―２００９シーズンのリーガ序盤、バルセロナ対レアル・マドリードとの試合で、バルセロナがライバルのプレッシングに苦労しているシーンが多く見受けられました。このときのバルセロナは、途中まで普段とはまったく違うチームでした。しかし、そのバルセロナが息を吹き返したのです。それはなぜか。

私たちに道理があると主張するためにも、ここでは原因と結果だけの単純でわかりやすい方法を使って明言することは避けたいと思います。

一つだけはっきり言えることは、後半の途中でグジョンセンの代わりにカンテラ（下部組織）出身のブスケツが入り、ケイタ、チャビ、グジョンセンという中盤の構成から、ケイタ、チャビ、ブスケツになったということです。そして、ちょうどそのとき、ライバルチームも交代を行っています。カンテラ出身の攻撃的なグティに代わって、ハビ・ガルシアが投入されたのです。

プレッシングの効率を確実に上げようとしたレアル・マドリードと、ブスケツを投入してより似通ったプレーヤーの存在意義を強調したバルセロナという、興味深い構図がありました。

これによってグアルディオラのチームが、自分たちのプレーの価値を取り戻すきっかけをつくったのは間違いありません。

このことは、チームが順調に結果を残せず、卓越したスタイルも示せなかったシーズン序盤のグアルディオラの采配に通じます。中盤でイニエスタ、チャビ、ブスケツを同時に並べることで、プレーの規則性の力と結果を取り戻してきたのです。

◉クライフの遺産に、新たな特性を加えていく（進化の可能性の原理）

「現実を扱っていて、変化しない真実ほど信用できないものはない」

――ホルヘ・ワゲンスベルグ（科学者／スペイン）

「僕が来たとき、プレーヤー全員があらゆる局面でどのようにプレーすべきかと考え、苦労していた。どの時点からプレッシャーをかけるのか、どの時点で相手からボールを奪うのか、僕たちは不安定だった。時間の経過とともに僕たちはお互いをよく知るようになり、今ではチームメイトの個性を理解し合って試合に臨んでいる。チームは成長したという感覚だ」

――シャビ・アロンソ 現レアル・マドリード

監督はプレーモデルの生産性を定期的に疑問視すべきです。ポルトガル人教授のジョルジェ・カステロは、「プレーモデルをつくり上げていく中で、組織全体を疑問に付す必要がある。つまり、破壊し、再び進歩的につくり上げていくのだ[※73]」と述べています。

チームを築き上げるには、安定した特徴の拡大が最も重要になります。そのためにもプレーモデルは、プレーヤーたちの能力によってつくられることが肝要です。

つまり、自己実現の感情を尊重することで、プレーヤーたちは試合中や練習中に定期的に現れるプレーモデルの本質の部分に責任を感じるようになるのです。

さらに、システム内部および外部の相互作用のプロセスが起こす予測できない現象を期待し、その現象を調節して取り入れます。

新たな特性はすでに存在する特性と結びつけられ、また、未来の別の特性とも結びつけられるべきだということを意識するのです。

すると、どのような局面がチームのプレーモデルに属する可能性があるのか、あるいはないのかを特定できます。

つまり、「秩序を保とうとする状態、具体的にはアイデンティティを保つこと、自分自身を再現すること、変化に抵抗すること、内部に集中すること。その反対に混沌な状態、具体的には変化すること、成長すること、限界を広げること、外部に集中すること。この両極間での絶え間ない緊張感によって得られるオートポイエーシス（自己創出）の必要性[※74]」がチームの進化を生み出す、ということなのです。

バルセロナが現在展開しているプレーのイメージは、疑いなくヨハン・クライフの重要な遺産です。その考えを基に哲学が形成され、特にファン・ハール、フランク・ライカールト、そして現在のグアルディオラがその哲学に新たな特性を加えています。

本質的にはアイデンティティは同じであり、基本的ラインは維持されていますが、当初の考えがさらに優れたものになるように一連の微妙な違いが導入されてきました。最終ラインを構成するプレーヤーが3人から4人になったことによって（現在も状況によって3人にもなりますが）、サイドバックが以前よりずっと攻撃参加するようになり、ウイングはダイナミックさを増しました。結局、複雑さを増すことを通して、アイデンティティを保つことを可能にした新たな方法が生み出されてきたのです。

歴史的な本質を土台に上積みしていき、可能性を広げてきたと言っていいでしょう。

PART1の終わりに、システムの進化の考えを非常にうまく具体化したフリッチョフ・カプラの考察を紹介します。

「新たな形態を生み出す能力こそが、システム全体の鍵となる特性をつくり上げる。開かれたシステムというのは、突発的なことが起こり得る。その突発的な出来事が新たな形態を生み出す活発さの一部をつくり出すのだ。したがって、開かれたシステムは、発展し進化するという重要な結論を導き出すことができるだろう。生命は絶え間なく新しいことに向かって進み続けている※75」

PART 2

バルセロナのプレーモデル

「社会的システムはコミュニケーションネットワークにより生産と再生を周期的に繰り返す。そして、そのネットワークの外では存在できない。これらのコミュニケーションネットワークは自己発生する。つまり自己創出（オートポエーシス）である。コミュニケーションが複数のフィードバックループで周期的に繰り返されるとき、信念の体系、説明の体系、共有された価値観の体系、すなわち共有された文脈を生産する」

――――ニクラス・ルーマン（社会学者／ドイツ）

「僕たちは共通の考えから出発し、共通の概念で育った。このチームには、すべてに優先される一つの考えがある。僕たちは一つのプレーの流儀を守り、その流儀を信じている」

――――アンドレス・イニエスタ（現バルセロナ）

Chapter 4
バルセロナのプレーモデルを紐解く

「構成員に集団のアイデンティティや、自分たちのものとして感じる制限された領域を提供する」

――フリッチョフ・カプラ
（物理学者／アメリカ）

「デザインは、その瞬間からシステムを正しく機能させるための絶好の機会となる」

――コルネホ・アルバレス
（大学教授／メキシコ）

チームはなぜ明晰なアイデンティティ（何をどのように求めているのかということ）を持つべきなのか。本書ではこれまで多くのページを費やして、その理由を語ってきました。

そして、ここからは次のプレーモデルを持つ目的を強調していきます。

① 自分たちのものだと感じられるプレーモデル
② ピッチ上で起こったことに反応して自分の内側から湧き起こるプレーを、素晴らしいコンビネーションプレーに仕立てる役割を果たすプレーモデル

プレーモデルは変化に対して、閉じているのではなく、常に開いた状態にあります。また、プレーモデルを通して、チーム内に文化が生まれやすくなります。すでに持ち続けている不変のスタイルと新たに変化するスタイルがプレーモデルによって調和されたとき、一つの意味を共有できる集団をつくり上げる役目を果たすのです。プレーモデルは、「グループは個の能力を、個はグループの能力を発展させる」[※76]ことを可能にします。そのために継続する変化と進化のプロセスにおいて、新しく多様な段階を創造するチャンスを仕掛け、相互作用がシフトするために各個人が能力を広げなければなりません。同質の相互作用が続くだけでは、チームの進化はあり得ないのです。

このような観点からも、プレーモデルを閉じたものとは認められないことがわかります。

また、プレーモデルはプレーヤー同士の関係、各々のプレーヤーが生み出す成果の関係を発展させるという認識を持つべきです。

チームメイトが見てわかるような連結を芽生えさせることと、全員がひとつの機能を担って無意識による一連の行動を授けます。プレーによって表現される一種のコミュニケーションツールを使って、プレーヤーたちは経験を積んでいくのです。

２００８─２００９ＣＬ（チャンピオンズリーグ）準々決勝以降の組み合わせを知ったメッシは、次のように述べました。

「僕にとって最も重要なことは、常に僕たちのフットボールをやり、僕たちの哲学で決勝に勝ち上がることだ。このチームが持つ最も偉大なことは、その哲学なんだ[※77]」

このコメントは、チームの誰もが受け入れられる特徴的なプレーモデルを持つことの重要性を、プレーヤー自身が表した例ではないでしょうか。

プレーヤーたちが築き上げるプレーモデルの有益性は次の通りです。

〝プレーする〟ことでチーム全体に重要な意味を与え、〝プレーする〟ことで一つの知性集団が創設できる。また、チームメイト全員で織り成すモノを体系化し、自分自身がつくり上げた作品としてチームに深い一体感を持てるようになる。

プレーモデルをデザインし、構築していくためには、チームの方向性に適う目的を試合中のプレーに設定する必要があります。また、そのプレーを擁護するいくつかの原則を決めることが必要です。

プレーモデルの原則は、「プレーの源泉であり、事象が発展する基本的な構造に対して変わらない特性を与えている」[※78]ものです。チームの目的の達成を見たいのなら、監督自身もチームのプレーモデルの原則に従うべきです。

これらの原則は創造的なプロセスを制限するものではありません。単純に「プレーの仕方を方向づけ、その瞬間の決断を確実かつ容易にする」[※79]ものであり、むしろ、創造的なプロセスの扉を開く状況を生み出すものです。

原則が発するメッセージは、原則を順守しなければならない人たち（プレーヤー）の能力に合わせられ、彼らの感情とつながっているときに限って解き放たれます。

同様にプレーヤーの適正に合っていない場合は、その能力を奪ってしまうかもしれません。

私たちはプレーモデルを描くための軸として、フットボールプレーヤーの能力を把握すべきです。プレーヤーの振る舞いを批判し、彼らの必要な満足感を抑制していては、混乱した視野を持つチームを生み出すだけでしょう。

4-1 バルセロナのプレーモデル

◉どのようにオーガナイズされているのか（全般的な特性）

「グアルディオラのチームはポゼッションとプレッシングを組み合わせている。そして、ボールを保持しているか、保持するために必死になることが、彼らが最も大切にしていることの一つだ。さらに、フォワードがプレッシャーをかけるので、相手チームにとって危険なスペースでボールを奪い返すことができる」

――サンティ・ノジャ
（エル・ムンド・デポルティーボ紙にて）

フットボール界には2つのタイプのチームが存在します。それは、〝ボールを介して整然とするタイプ〟と、〝ボールを持つと崩れてしまうタイプ〟です。

グアルディオラは「ボールがチームを整える」[※80]ことを知っています。そこにバルセロナの特徴があるのではないでしょうか。

やり過ぎだと言われるほどボールを支配して、正しいポジションでプレーしています。再帰性の原理（P125参照）に従うなら、ボールポゼッションをするためにはおのずと良いポジショニングになるのかもしれません。

マリ人プレーヤーのセイドゥ・ケイタは、バルセロナに加わってすぐに「僕がプレーしたどこのチームともプレーのスタイルが違う。ほかのチームではプレーヤーがよく走ったが、ここで走るのはボールだ。常に自分のポジションにいなければならない」[※81]とコメントし、「ボールを探しに行くのではなく、ボールがプレーヤーの方に来る」[※82]とさえ強調しました。

バルセロナのフットボールにおいて傑出している点を挙げとすれば、次のことが考えられます。

●ボールを回すこと
●相手を引きつけるためのドリブルをすること
●プレーヤーたちの距離を縮めてコンパクトフィールドを形成すること
●ボールの周りにプレーヤーを集結させること

縦の中心軸に近いスペースでボールを受けたり、サイドバック（基本的にアウベス）を攻撃参加させるために、ウイングがサイドバックの使うスペースを試合ごとに広げてきました。にもかかわらず、決してポジションのバランスが崩れることはありません。これも際立っているところだと言えます。

さらに、バルセロナは中央のスペースでパスを用いることを高く評価します（それゆえ、二人の前方ミッドフィルダーを使う）。相手ディフェンダーが守備ブロックの内側のスペースを消そうとすることを利用して、ウイングが有利な状況でボールを受けられるように条件を整えるのです。逆にウイングを使って広がることで、今度は中央のトップや前方のミッドフィルダーが侵入できるようにスペースを広げます。

攻撃やフィニッシュの状況をつくり出すプロセスが首尾一貫しており、慌てた行動は必ず避けるようにしています。なぜなら、慌ててボールを失うことは攻撃面での関与を中断するだけでなく、将来的な守備活動も制約してしまうからです。

チームが一つになってプレーし、それぞれのラインとラインを構成するプレーヤーたちが、ライン単位で素早く関与し合える効果的な距離になるよう努めているのです。

バルセロナの試合を思い出してみてください。均整のとれた一連のパスで攻撃の進行を意図的に〝遅らせる〟ことで、ボールの周囲にプレーヤーを集めたり、ライン同士を近づけるということを意識的にやってはいないでしょうか。

ボールを失った場合は奪い返すというよりも、相手からただちにボールを返してもらうという意識を持っています（バルセロナにとって、大事なボールは常に自分たちのものです）。

攻撃の型は、守備のオーガナイズを決定します。

攻撃をしているときは、往々にして相手ペナルティーエリア近くのスペースに多くのプレーヤーが侵入していきます。そして、ボールを失ったら即座に、同じ場所で相手にボールの保持を放棄させます。つまり、ボールを返してもらう、ということです。味方プレーヤーの人数が多い場所でボールを取り戻そうとすれば、より少ない労力で簡単に遂行できることがおわかりいただけるでしょう。

バルセロナはボールを保持した相手から、時間とスペースを効果的に使う可能性をただちに奪います。そうすることによって、相手はたとえボールを保持したとしても、攻撃をしているという実感を味わうことができません。バルセロナは守備時においても、主導権を握っていることになります。

当然、このような状況をつくり出された相手チームは大変です。必然的にペナルティーエリア近くで危険な状況に陥ることになるでしょう。

このように、活発で理にかなった守備は、次の特徴を基礎に置いています。

●ボール保持者の近くにポジションをとって、まずはパスを受けられる可能性が高いプレーヤーと継続的に攻撃する。

●ボールを奪われれば、ただちにピッチの高い位置で相手をめまぐるしく追いかけまわす。

特筆すべきは、ポジション取りとその速度の正確さです。一見、無秩序のように見えますが、バルセロナのプレーヤーたちは並外れて整然としたフォームを生み出しています。隠されたシンメトリーがはっきりと確認できるのです。

仮に前線からのプレスが突破された場合は、ファウルによって相手の攻撃を止める可能性と、自陣ゴールに向かってくるボールと相手プレーヤーを考慮に入れて守備の対応を行います。

隠されたシンメトリー、見せかけの混乱（一見、無秩序に見えるが整然とした守備体制）を解釈するには、高度な集団的精神が必要になります。プレーへの関与をシンクロして行うことが、このバルセロナ型守備の成功の鍵となるからです。

一方、後方に目を移すと、前線でのプレスに加わらなかったプレーヤーたちが、スペースを支配して相手アタッカーが簡単に移動する可能性を阻止しています。

背後に広大なスペースを背負って守る一人、ラファエル・マルケスはこのようなことを語っています。

「チームメイトたちの強い責任感を信頼しているが、非常に高度な連係が求められる。僕は適切なポジションに位置することで先手を取り、僕より速いプレーヤーたちにはスピードではなく距離で勝つことを学んだ。対戦相手がそれぞれ違うから、簡単なことではないけどね[※83]」

そして、この活発で理にかなった守備でボールを取り返したら、相手が放棄したスペースをできるだけ短時間で占領します。それが、第一の意図的な狙いです。しかし、その狙いがうまくいく確信がない限り、ボール保持者は各プレーヤーが攻撃の適切なポジションに戻るまで先を急ぎません。チーム全体でポジション感覚を取り戻し、人数をかけてさまざまな波が押し寄せるようなカウンターアタックを狙います。

さて次に、前線からのプレスが有効ではなくボールを取れなかった場合はどうするのか、ということに言及します。

まず当たり前のこととして、即座に陣形を立て直し、できるだけ多くのプレーヤーを後退させて適切なスペースにポジションをとります。ここで大事なことは、相手の前進を防ぐというよりも、ボールを素早く取り返すことを最大の目的とすることです。

バルセロナのプレーヤーたちは、決して迎え撃つ姿勢をつくるわけではなく、相手の攻撃スタイルに合わせた守り方をするわけでもありません。積極的な守備の形を維持して、対戦するプレーヤーの判断を大いに制限することを狙うのです。

では、積極的な守備の形とは何か。

それは、パスの方向を制限し、ボール保持者の周りにいる相手プレーヤーを警戒することで、パスの受け手の人数を減らすことです。これによって、相手は前進する方向が限定されます。さらにこの守備は、自分たちがボールを取り戻すまで執拗なほど続けられます。また、ボールを直接取り戻そうとするときは、攻撃時に見られるように、ボール保持者に対して二対一の数的優位を絶え間なくつくり続けるのです。

総体的な特徴を別の角度から見ると、バルセロナは攻撃と守備を分けないことで最小限の労力によるトランジション（攻撃と守備の切り替え）を可能にしています。さらに、「正しい命令を伝えるために知覚や感覚に時間を与える」[※84]というミッションを、パスという手段を通してプレーヤー全員が果たしています。

また、綿密な仕事をするには忍耐力が必要であり、決して中断することなくプレーし続ける姿を彼らは見せてくれます。

ボールを支配し、なおかつ相手チームにほとんど攻撃させないことで、試合の主役の座を奪い取ります。こうして相手を混乱に陥れ、プレーを分裂させるのです。まるで催眠術をかけられたかのように自信を奪われたライバルチームは、主要な手段を活性化することもできず、偶然性や意外性だけに頼ることになってしまうのです。

◉ラインの敷き方とポジションからわかること

「特定のポジションにチームメイトがいることで、幾何学的な見地（整然とした空間）からピッチ上につくり上げられているものがあり、それによって行動を早める（前進する）ことができる」

――**ジョゼ・モウリーニョ** 現レアル・マドリード監督

私たちはおそらく、チームを構成する各プレーヤーのプレーゾーンが、最も明確に規定されているチームを前にしています。

プレーヤーの配置を見ると、それぞれのプレーヤーが関与する最初のスペースに意味を見出すことができます。縦長のピッチにおけるほかのプレーヤーとのスペースの関連性を意味し、そこからラインの数や、そのラインでの各プレーヤーの割り当て（特定のポジション）が生まれるのです。

ラインの敷き方と最初のポジションの配置は、そのスペースが高い価値を占めていることを物語っていると言えるでしょう。

別の言い方をするなら、特定のスペースを重要視してチームのシステムが機能しているときは、一方で使用頻度が少なく重要視していないスペースがある、ということをスタートの基本フォーメーションは教えてくれています。

図4が示すように、バルセロナは2―3―2―3という4つのラインを形成しています。まずはセンターバックを広く配置し、中盤には逆三角形の形で後方ミッドフィルダーの横にサイドバックを置きます。その前には二人の前方ミッドフィルダーがおり、最前列には両ウイングとトップが幅広く配置しています。

これを見て、最も危険なスペースが両サイドバックの背後にあることがおわかりになるでしょうか。だからといって、サイドバックが背後のスペースをケアすると、今度は後方ミッドフィルダーの両側にスペースが空きます。さらにセンターバックがそのスペースをカバーすれば、次にリスクが生じるのはセンターバックの背後です。

しかし、バルセロナにすれば、そんなことは百も承知です。チームのシステムが機能し

図4　バルセロナのシステム　2-3-2-3

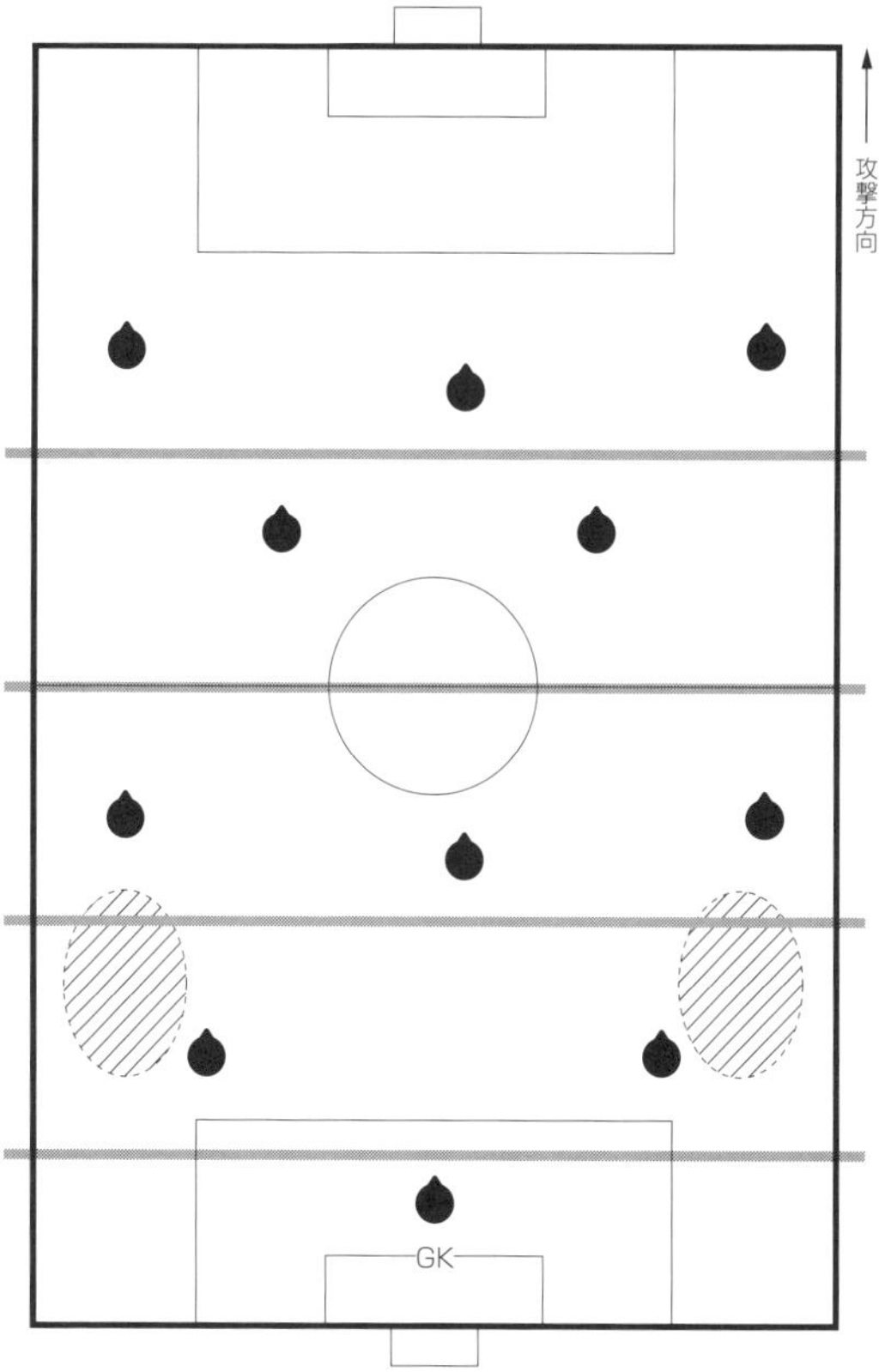

バルセロナは2-3-2-3という4つのラインを形成している。このシステムを見ると、最も危険なスペースはサイドバックの後方になる。

てリスクに対応すれば、相手チームがそれらのスペースを占有してビクトル・バルデスが守るゴールマウスを危険に陥れることは数えるほどしかありません。

つまり、サイドバックの裏のリスクに対応するには、どうすればいいのか。それがバルセロナの守備を考えるヒントにもなります。

◉プレーモデルの最も重要な目的とは？

続いて、プレーのサブフェーズごとの目的を比較していきます。

その順番は次の通りです。

① ボールを奪われてから「守備をオーガナイズするまで」
② 「オーガナイズされた守備」
③ ボールを取り戻し、ただちにゴールを目指す「カウンターアタック」
④ 「オーガナイズされた攻撃」

これまで、すべてのプレーに同等の価値があるという全体の重要性について、賛同してきました。これからも、その考え方が変わることはないのですが、バルセロナにとっては、組織的な攻撃こそがチームの屋台骨を支えるフェーズになります。それをあらかじめ強調しておきます。

また、バルセロナのフットボールの本質的な目的と、その固有の原則を明らかにするために、一連のプレーの目的[※85]についての考察を深めていきます。

バルセロナのプレーのコンセプトを探求する中で、前述した「守備をオーガナイズするまで」「オーガナイズされた守備」「カウンターアタック」「オーガナイズされた攻撃」といった分け方が、すべての現実を反映しているという錯覚に陥らないように注意していきましょう。

本書ではこれまで、ホリスティック(包括的)な視点から現象を理解したときのみ、現実を反映することができると述べてきました。つまり、孤立しているように見える一つのプレーでも、実はつながっていることを認識し、またつながるための方法を伝えていかなければ、私たちは大きな過ちを犯すことになります。

図5は、プレーのサイクルの全体像です。サブフェーズ間の関係（矢印で表わされています）、それぞれのサブフェーズでの目的、バルセロナのプレーの原則、これらを一つにまとめたものです。

図5　バルセロナのプレーのサイクル

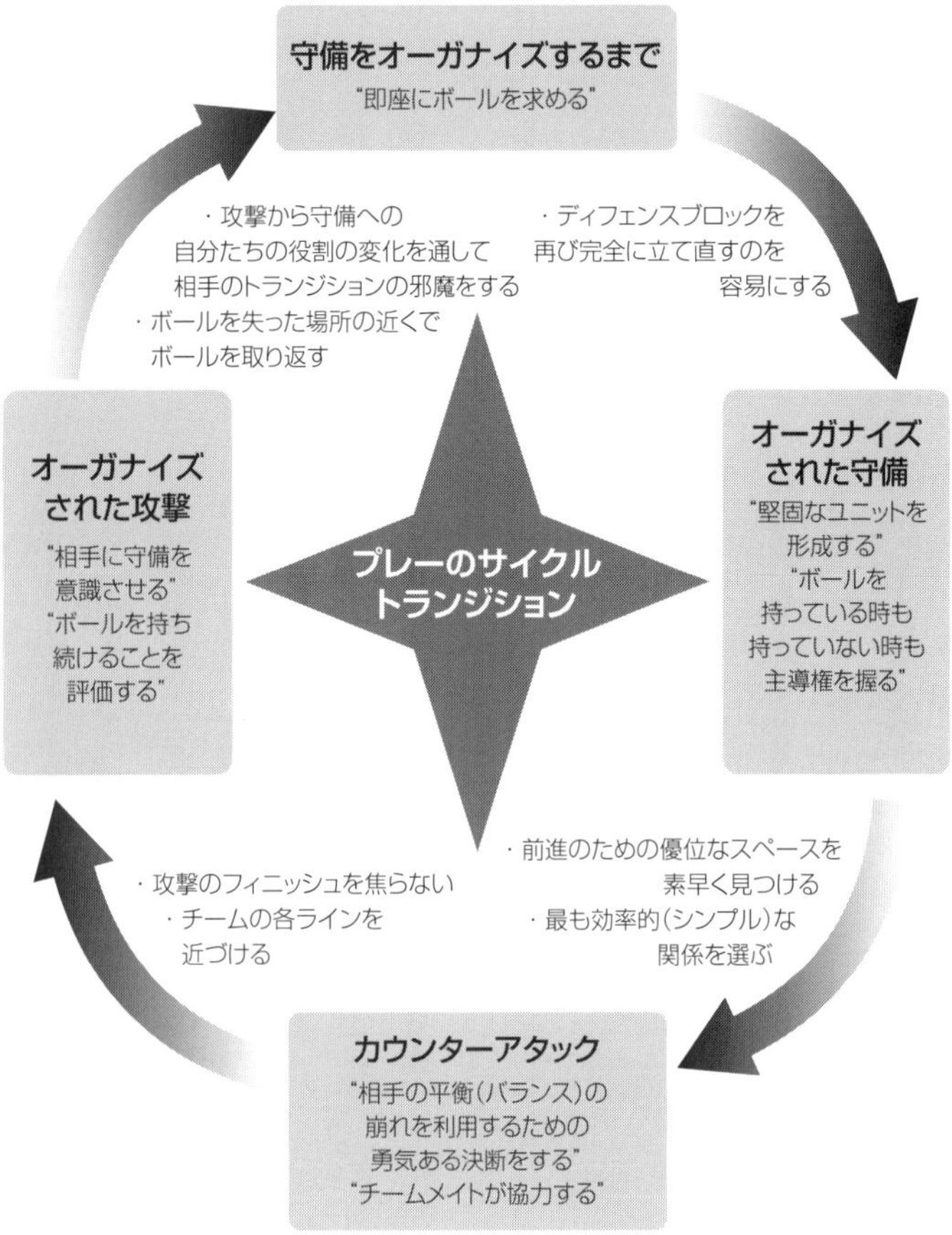
守備をオーガナイズするまで
"即座にボールを求める"
・ディフェンスブロックを再び完全に立て直すのを容易にする
オーガナイズされた守備
"堅固なユニットを形成する"
"ボールを持っている時も持っていない時も主導権を握る"
・前進のための優位なスペースを素早く見つける
・最も効率的(シンプル)な関係を選ぶ
カウンターアタック
"相手の平衡(バランス)の崩れを利用するための勇気ある決断をする"
"チームメイトが協力する"
・攻撃のフィニッシュを焦らない
・チームの各ラインを近づける
オーガナイズされた攻撃
"相手に守備を意識させる"
"ボールを持ち続けることを評価する"
・攻撃から守備への自分たちの役割の変化を通して相手のトランジションの邪魔をする
・ボールを失った場所の近くでボールを取り返す
プレーのサイクル
トランジション

ループの連続は、プレーが分離できないことを示しています。やはり私たちの理解は、体系的に見ることに基づくべきなのです。

ここからは、バルセロナのプレーのサイクルである「守備をオーガナイズするまで」「オーガナイズされた守備」「カウンターアタック」「オーガナイズされた攻撃」のそれぞれの項目を詳しく見ていきます。

ベースとなるのは、２００８―２００９シーズンのバルセロナのプレーになります。セッションの終わりには、プレーのサイクルのサブフェーズを表にしてまとめていますので参考にしてください。

A 守備をオーガナイズするまで※86

ボールを失った瞬間にチームを支配するのは、積極的な手段で即座に取り返そうという感情です。

また、ボールを失った瞬間というのは、まさに狙い目でもあります。なぜなら、攻撃に人数をかけるバルセロナは、ボールに近いところに多くのプレーヤーが集まっているからです。同時に一連のプレーを遂行すれば、容易にボールを取り返すことができるでしょう。

図６　ボールを奪われた直後の動き

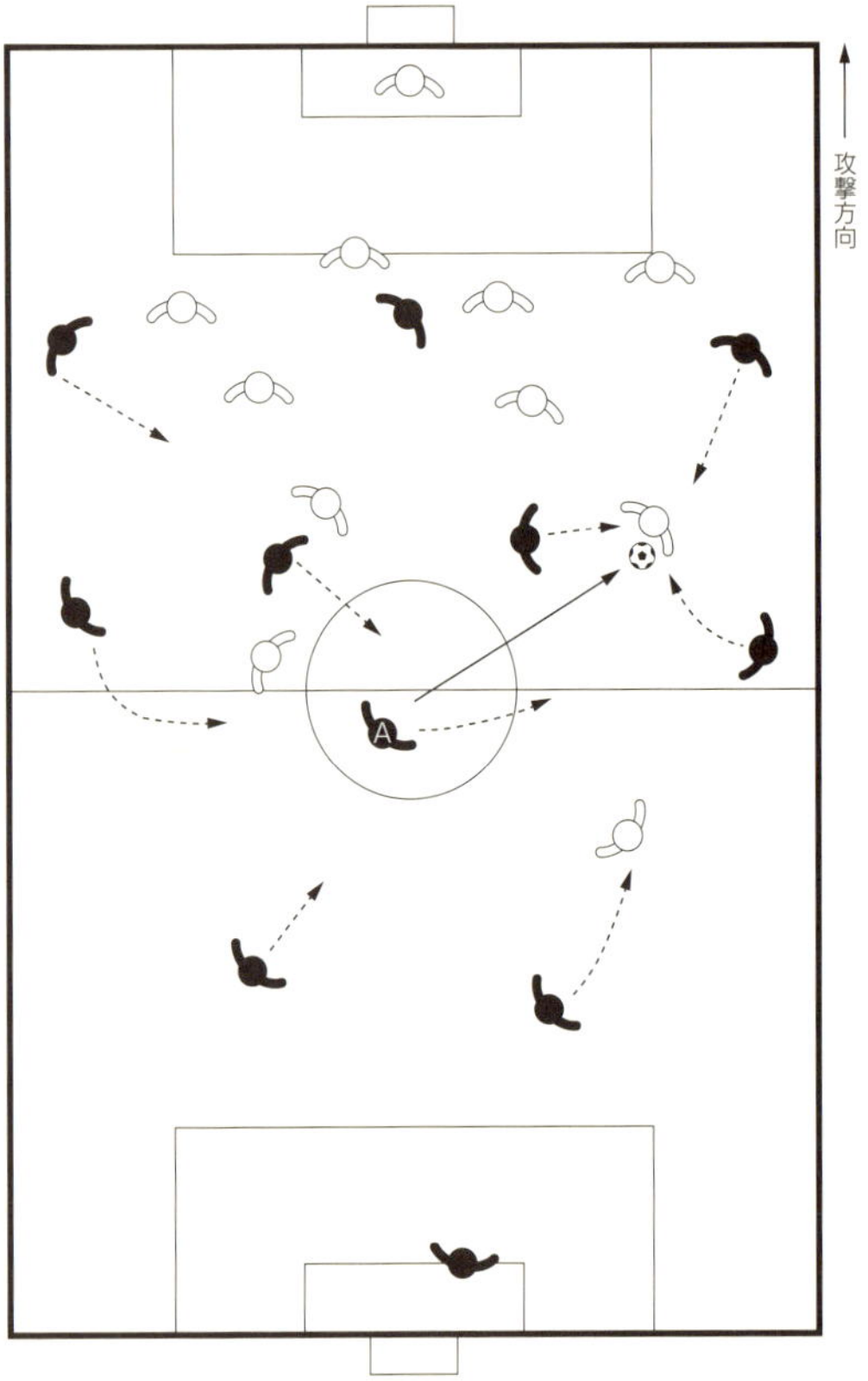

プレーヤーⒶのパスが相手に奪われた後、すぐにバルセロナのプレーヤーはボールを取り返そうと動き出す。すばやく守備ブロックを形成し、包み込むようにサイドも縦も進めないようにコースを切っている。

――→ ボールの動き　- - - -→ 人の動き

相手に攻撃を組織する時間を与えず、余裕のある攻撃の展開を防ぐことができます。このときのポジショニングは、必ずしもシンメトリーではありません。しかし、目的に適った形態であり、即座にボールを取り返すための積極的な〝変形（ゆがみ）〟と見ることができます。

理想は、相手にボールを奪われた位置に近いところで取り返すことです。そのためには、素早く守備ブロックを形成し、ボールを保持する相手を包み込まなければいけません。サイドにも縦にも進ませないようにし、その守備ブロックを越えるすべての可能性を奪ってしまうのです（図6）。

最初の守備の連係が機能せず（時間においても形においても）、相手の攻撃がプレッシャーをかわしたときは、前方の守備ブロックに加わらなかった後方のプレーヤーが相手のボール保持者をサイドに追い込みます。こうすることで、多くのサポートを得るための時間を稼ぎ、できるだけ取り残されたチームメイトを後退させるように努めるのです。

最終ラインではオフサイドルールを活用します。最前列にいる相手アタッカーのマークを意図的に外し、パスを受けられる可能性がなくなるまでラインを前進させます。つまり、アタッカーをオフサイドポジションに置くことで無力化してしまうのです。または、シュートを狙われるゾーンの手前まで素早く後退します。

後方ミッドフィルダーは抑止力を働かさなければなりません。このポジションのプレーヤーは全体のバランスの乱れを察知し、わざとプレーを遅らせたり切ったりします。状況が何をアドバイスしているのかを、感じ取る必要があります。

抜かれてしまった最初の守備ブロックのプレーヤーたちは、次の守備をサポートするためにポジションを回復しようと必死にならなければいけません。「守備をオーガナイズする」の中期目標とも言える「フィニッシュまでの状況をつくられることを防ぐ」ことに、何としてでも役に立とうという気持ちが重要です。ボールがどんなに遠くにあろうとも、相手の攻撃に耐えているチームメイトを助けようと努力し続けるべきです。

そして、これが「守備をオーガナイズするまで」の最後の特徴です。自陣のゴールマウスから遠ざかる相手のプレーに関しては、ある程度の自由を許し、逆にチームメイトが守備に戻る時間をつくるために役立てます。なおかつ、直接シュートする可能性があるプレーには、特別な注意を払うことが必要になります。

B　オーガナイズされた守備の機能

ボールを失うとプレーヤー全員がボールのあとを追いかけ、切羽詰まって後退するという傾向が、多くのチームに見られます。まるでボールを取られた時の条件反射であるかのように、そうした行動をとるのです。

では、バルセロナのように、前から積極的な守備戦術をとるチームはどうか。プレーヤー間の不一致が発生する場合は常にリスクを伴いますが、ボールを持っていないときでも主導権を握ろうとする大胆さは、賢い守備の方法だと評価することができるでしょう。また同時に、団結した方法であると言うこともできます。

さらに、相手チームを前進させないだけの守備で満足することはありません。チャビ、トゥーレ、メッシをはじめとするバルセロナのプレーヤーたちは、相手のミスを誘いながら、チャンスがあればボールを奪いにいきます。

チームがボールを保持していないときでも、自分の才能によって相手を支配していると思えるのは刺激的なことです。また、そう思えるように動くことは、プレーヤーのフィジカルコンディションを上げることにもつながります。逆に相手に主導権を握られるということは、いかなるリズミカルな行動も潰すことになり、フィジカルコンディションにも悪影響を及ぼすでしょう。

献身的に協力し合う守備はすべてのスペースで絶え間なく続き、相手に多くのパスミスを引き起こさせます。相手プレーヤーの思考に影響を及ぼし、最適な決断を数秒遅らせ

図７　相手チームから主導権を奪うために

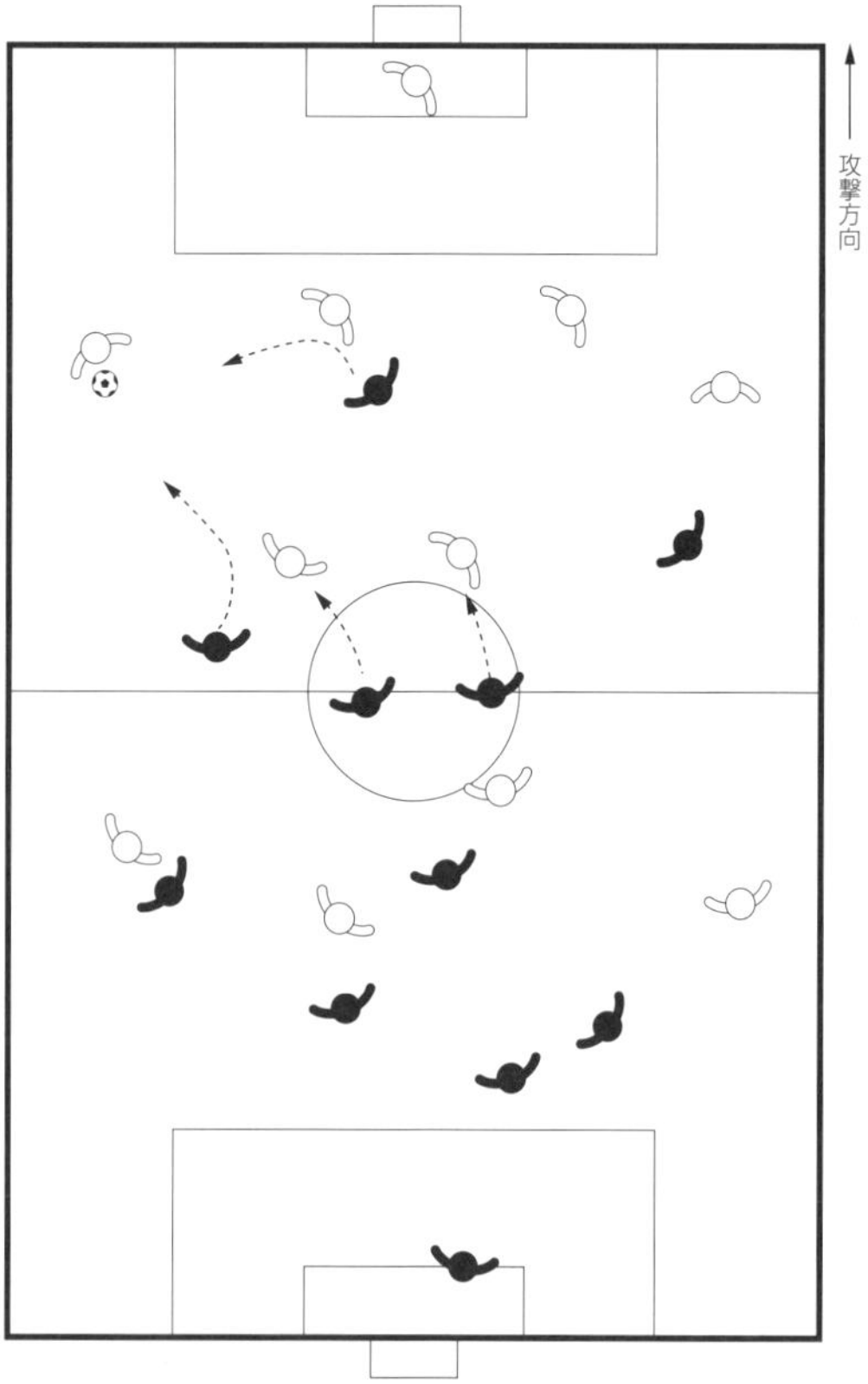

前線のプレーヤーが相手の攻撃方向を限定するようにプレスをかけていく。前方ミッドフィルダーはマークしている相手選手を警戒し、ボールを受けることを妨害するように動く。

----▶ 人の動き

て、プレーの遂行を妨害するのです。

たとえば、相手が前進するための最も論理的なパスコースを消し、できるだけ自分たちにとって危険の少ないスペースへと追い込んでいきます。また、別の場所ではマークする相手から少し離れておき、ボールを運んでいるプレーヤーの死角から現れます。そこでパスカットをしたり、プレスをかけることでボールの奪取を狙っています（図7）。

この守備のコンセプトには、相手の注意がバルセロナのプレーヤーに向かわざるを得ないように仕向け、ボールを保持しているチームから主導権を奪うという目論みがあります。よって、相手からしてみれば、有利なポジションにいるアタッカーを見つけることが困難になる、ということです。たとえボールを保持しているプレーヤーが有利なポジションを獲得できたとしても、連係が取れなければより深刻な問題に直面します。プレーの本流からプレーヤーが除外された状況で動くしかないからです。

では、ライバルたちが自陣深くに姿を現したときはどうすればいいでしょうか。その時に考えることは、ペナルティーエリアに侵入するためにマークを外そうとする相手のプレーヤーを巧みにコントロールすることです。

まず、ペナルティーエリアに侵入しようとする相手のフォワードに気づかれないよう、さり気なく一緒に入り込みます。そして、タイミングよく、あたかも突然のように現れて、相手のボール保持者がフォワードにパスを出す可能性を事前に奪ってしまうのです。目的はペナルティーエリア内の相手を無力化させることです。センターバック、特にマルケスはその術を熟知しています。

ゴールキーパーのビクトル・バルデスは、この一連の働きが機能していない可能性がある場所を察知する能力を持ち、常にゴールに最も近いアタッカーの動きに注意を払っています。

相手チームのパスミスを誘発するためには、そのチームのプレースタイルに大きな影響を及ぼしているのが誰なのかを認識する必要があります。ようするに、相手チームの刮目すべき特徴を研究することが必要ということです。

さらに、堅固なユニット（守備ブロック）を形成し、相手の侵入を阻む姿勢を保ち続けることも不可欠です。マッチアップする相手プレーヤーのいかなるアクションに対しても、全体を考えない個人的な守備は排除しなければいけません。

C　カウンターアタックの展開

ボールを取り返した瞬間の最初の意図は、できるだけ早く簡潔にその場所からボールを遠ざけて、最高の条件を整えることです。バルセロナのプレーヤーたちは、このプレーを正しく遂行するための能力を十分に兼ね備えています。

これができたら、次にカウンターアタックを最もうまく機能させられるチームメイトが素早く登場します。バルセロナがカウンターアタックを展開するとき、特に重要視しているのは各プレーヤーのポジショニングです。

ボールを取り戻した瞬間の最初のカウンターアタックの波は、いつも最前線のプレーヤーによって引き起こされます。

流れをスムーズにするために、ただちに相手のマークを外します。次のカウンターアタックの波を確実に構築するためのポジションをとるのです。もしくは、ディフェンスラインの裏にスペースがある場合は、そこへの侵入を企てます。トップやウイングが起こすこの最初の動きが、カウンターアタックを展開するためにボールを運ぶプレーヤーの仕事を容易にしているのです。

カウンターアタックの一連の動きの中で、プレーヤーたちは前進するために優位なスペースを見つけます。そして、ほかのプレーヤーとは同じスペースに行かないようにし、異なった動きの中で高度な調整を行います。その中でもエトーは、ディフェンスラインの裏へ侵入するのに最も決断力のあるプレーヤーとして、より深いスペースを狙っていま

図８　調和のとれたカウンターアタック

カウンターアタックの場面。Ⓐがドリブルでボールを運んでいき前線のプレーヤーが裏のスペースを狙って走り出す。後方のプレーヤーもフォローのために近づく。プレーヤーの動きのタイミングが一致し、調和のとれた連係プレーを見せる。

-----► 人の動き　　〰〰► ドリブル

す。このエトーの動きによって、チームメイトたちは広いスペースを容易に使えるようになるのです。

このように、各プレーヤーはカウンターアタックの工程を熟知しているのです。

カウンターアタックはスピードがあることで効率よく展開することができますが、最終的にはスピードだけでその成果を測ることはできません。時には遅らせ、一本余計にパスを回し、止まることで、相手チームのバランスを大きく崩すこともできるでしょう。そこをうまく突くことで理想的な状況が生まれるのはよくあることです。

また、状況によっては、慌てずにプレーヤー間の距離が間延びすることを防ぎ、第二波、第三波のアタックを形成する要素につなげます。さらに、相手チームが陣形を整えた場合は、この流れが組織された攻撃を展開することに発展していくのです。

急いで結果を出そうとはせず、強力な応援が来るまでプレーを遅らせて、大切なボールを簡単に手放さないようにします。

今シーズン、バルセロナのカウンターアタックはまだ数えるほどしかありませんが、時として教科書に載せてもいいような素晴らしい展開を見せてくれることがあります。それは言うまでもなく、ボールを運ぶプレーヤーと周りのプレーヤーの動きのタイミングが一致し、調和のとれた連係によって生まれた決定的なチャンスです。さらに付け加えると、そこには閉じられているように見えるフィニッシュのスペースをも見出す洞察力が見て取れるのです（図8）。

D　入念にオーガナイズされた攻撃

バルセロナのフットボールで抜きん出ているもの、あるいはアイデンティティを最もよく表すものは何かと問われれば、それは間違いなく攻撃です。彼らにとってボールを保持して攻撃することはチームのバランスを整えてくれるものであり、チームの勝利の可能性を高める最高の手段なのです。

グアルディオラのチームは試合中、攻撃のコンビネーション、またはよく練り上げられた「オーガナイズされた攻撃」のサブフェーズに最も長い時間を費やします。よって、相手チームは深く自陣に引き、人数をかけて守備を固め、ペナルティーエリア付近を封鎖しようと努める時間が長くなります。

このような状況が毎試合繰り返され、ボール支配率は75％から80％にも及んでいるのでしょう。

その中で、バルセロナはプレーを進展させるために、近くに障害を発見すると、意図的にボールの動きを遅らせることをします。この行動は後々、相手をさらに後退させることにつながり、また、バルセロナのライン間の距離を接近させます。もつれた糸のように厄介な守備をほどく様々なチャンスを与えてくれるのです。

「ボールを活発に循環させることは、ポゼッションプレーの発展における基本的な戦術手段です[※83]」。

バルセロナに代表されるように、ポゼッションを重要視しているチームでは、この手段が特別な意味を持ちます。また、バルセロナの一連のパスは合理性に従っており、ただ単にボールを回しているわけではありません。パスの受け渡し一つひとつが、直接的もしくは先を予測することで、相手チームの守備の連結を壊す可能性を備えているのです。

バルセロナがボールを保持し続けられるのは、バランスのとれたサポートが常にあるからです。さらにボール保持者は、パスの選択肢を十分に保証されています。これによって、「仲間の動員、相手のバランスを崩す、バランスを崩したところにつけ込む[※94]」という流れを引き起こしていくのです。

その中で、二人のセンターバックは、攻撃のオーガナイズに重要な役割を持つ前方ミッドフィルダーとつながることを試みます。逆に前方ミッドフィルダーは、空いたスペースを探してセンターバックからのパスを引き出そうとします。そのスペースは、最終ライン

図９　センターバックとミッドフィルダーの動き

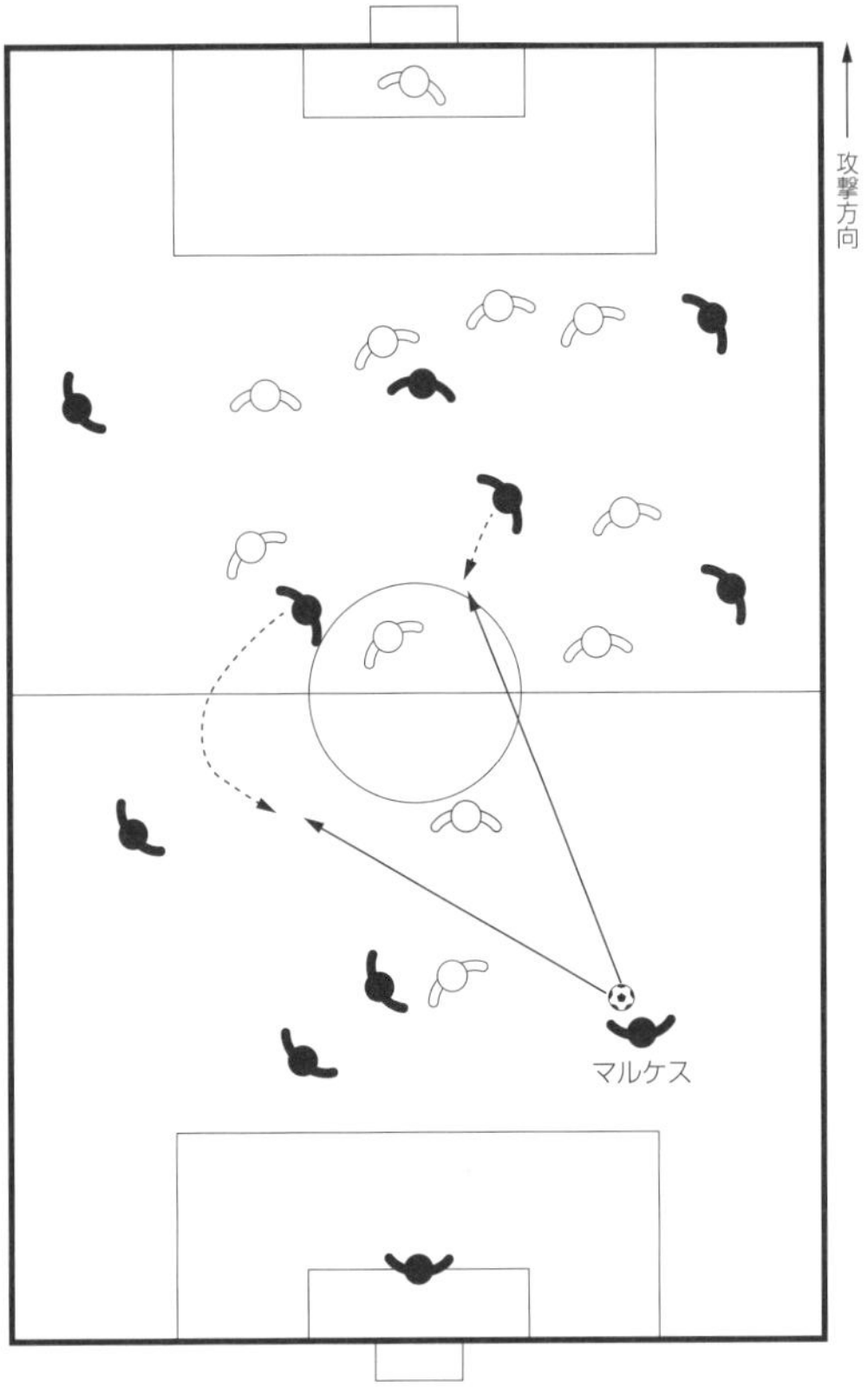

前方ミッドフィルダーがパスコースをつくる動きをすることで、センターバックとつながる。

の裏や、集団のほころびによって空いたほんのわずかなものでしかありません（図9）。
もし、前方ミッドフィルダーにスペースが見つからない場合は、相手を引き寄せ、守備を手薄にさせて確実にビルドアップできるとわかるまで、センターバックがボールをキープして時間をつくります。そのセンターバックが特定のポジションを離れるときは、必ず後方ミッドフィルダーが責任を持ってその空いたスペースをカバーするように組織されています。

センターバックから生み出されるビルドアップの方法の一つに、横幅いっぱいに広がり最も遠くに位置するウイングへのロングパスがあります（図10）。マルケスが定期的に行っているこのパスは、自陣でコンパクトなブロックを形成する相手の守備の効果を減らします。さらに相手の守備ブロックを大きく動かす中で、システムの弱点を探り出していきます。

このロングパスで生じる変化によって、相手の守備ユニットにスペースが生まれやすくなり、前方ミッドフィルダーやトップがその隙間を突く場面がよく確認されます。

また、このロングパスの特別な能力は、マルケスと同様にピケも兼ね備えていることを付け加えておきます。

次に、相手の守備組織の内側でボールを受ける動きの話をします。それを遂行するにはまず、ウイングあるいはトップが、ボールを受けるためのスペースを広げなければなりま

図 10　最も遠い位置にいる味方プレーヤーを探す

センターバックは相手の守備の効果を減らすことを狙い、最も遠い位置にいる味方を探す。ウイングがボールを受けるためにスペースを広げている。

せん。それから守備の内側でボールを受けた最前線のプレーヤーは、ミッドフィルダーに〝落とし〟のパスを供給します。この一連の行動は、ボールをさばくミッドフィルダーに前を向いてプレーさせることにつながっていきます（図11）。

もし内側に侵入するウイングにマッチアップしている相手が追従してきたら、サイドバック（アウベスが常にやっていること）が空いたスペースをうまく使い、相手ゴールに最も近い味方とともに攻撃を企てるでしょう。

トップの内側に侵入する動き、あるいはくさびを受けるための〝落ちる動き〟に相手のセンターバックが引きづられるならば、前方ミッドフィルダーにディフェンスラインの裏へ飛び出すチャンスが生まれます（図12）。

こうした守備ブロックの内側を狙うという前提のもとにゲームを支配しボールを保持できていれば、サイドのプレーヤーとのつながりをスムーズに行うことができます。サイドバックは非常に有利な状況でボールを保持することができ、単独で仕掛けることが可能になるでしょう。よって相手ゴール前では、相手よりも多い人数を集めることにもなります。

隙間を開拓する（前方ミッドフィルダー、トップ、ウイングの侵入）、またはサイドバックの広く深いオーバーラップによって、バルセロナの攻撃は優位性を獲得できるのです（図13）。

また、攻撃をシュートに結びつけるために最適な場面で姿を現すプレーヤーは、チームメイトの動きを混乱させないようにより良い方向を見つけながらポジションをとり、秩序ある方法を実現させています。ですから、味方同士が同時に同じスペースに入って重なることは、ほとんどありません。

攻撃のフェーズの中で頻繁にボールに関わり、最も大きな影響を持つのはアウベスとメッシが形成するサブシステムです。ウイングのメッシは常に利き足へのパスを要求しながら、エトーの周辺にあるスペースに向かって入っていきます。相手はこのプレーにできる限りの対応をしなければならず、さもなければメッシは最も危険な位置でボールを受け取ることになります。こうしてメッシが相手を動かすことによって、アウベスが完ぺきなタイミングで攻撃参加してくるのです（図14）。

このサブシステムの成功は、偉大なミッドフィルダーのチャビとセンターバックのマルケスに頼るところが大きいと言えます。この二人から供給されるパスがなければ成立しません。チャビとマルケスの魅力は、ゴールを目指すための障害物がない道筋をチームメイトに見つけてあげることです。すなわち、二人からパスを受けると同時に、そこにはすでにゴールまでの道が拓けているのです。

図 11　トップがディフェンスブロックの内側に侵入する

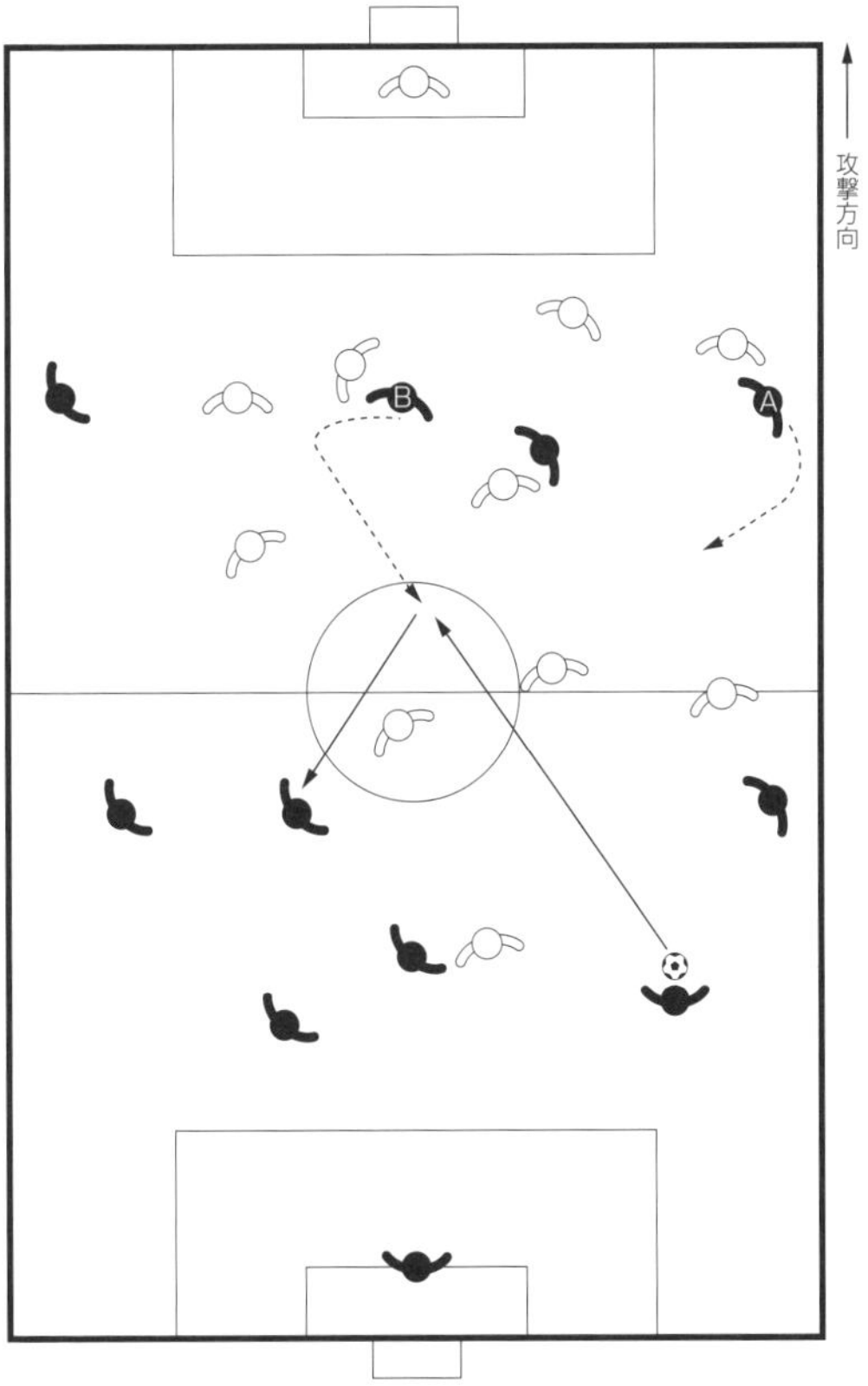

ウイングⒶとトップⒷがマークを外して守備ブロックの内側に侵入する。Ⓑにパスを出し、ミッドフィルダーに落としのパスを供給する。

図 12　トップがつくったスペースを活用する

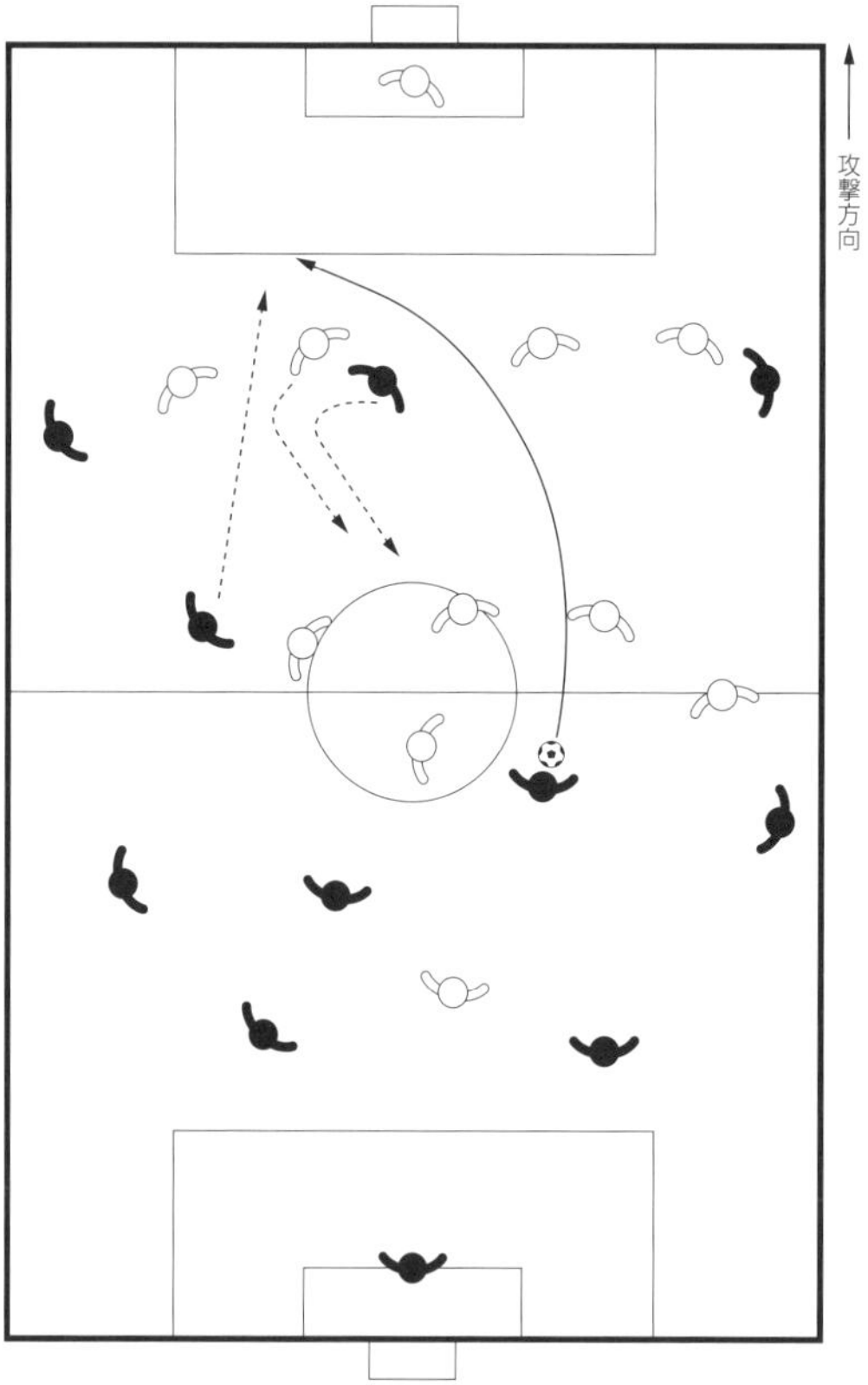

トップの動きにより、相手のセンターバックが引きずられたことで生まれたスペースを、前方ミッドフィルダーが活用する。

図 13　バルセロナの攻撃の優位性

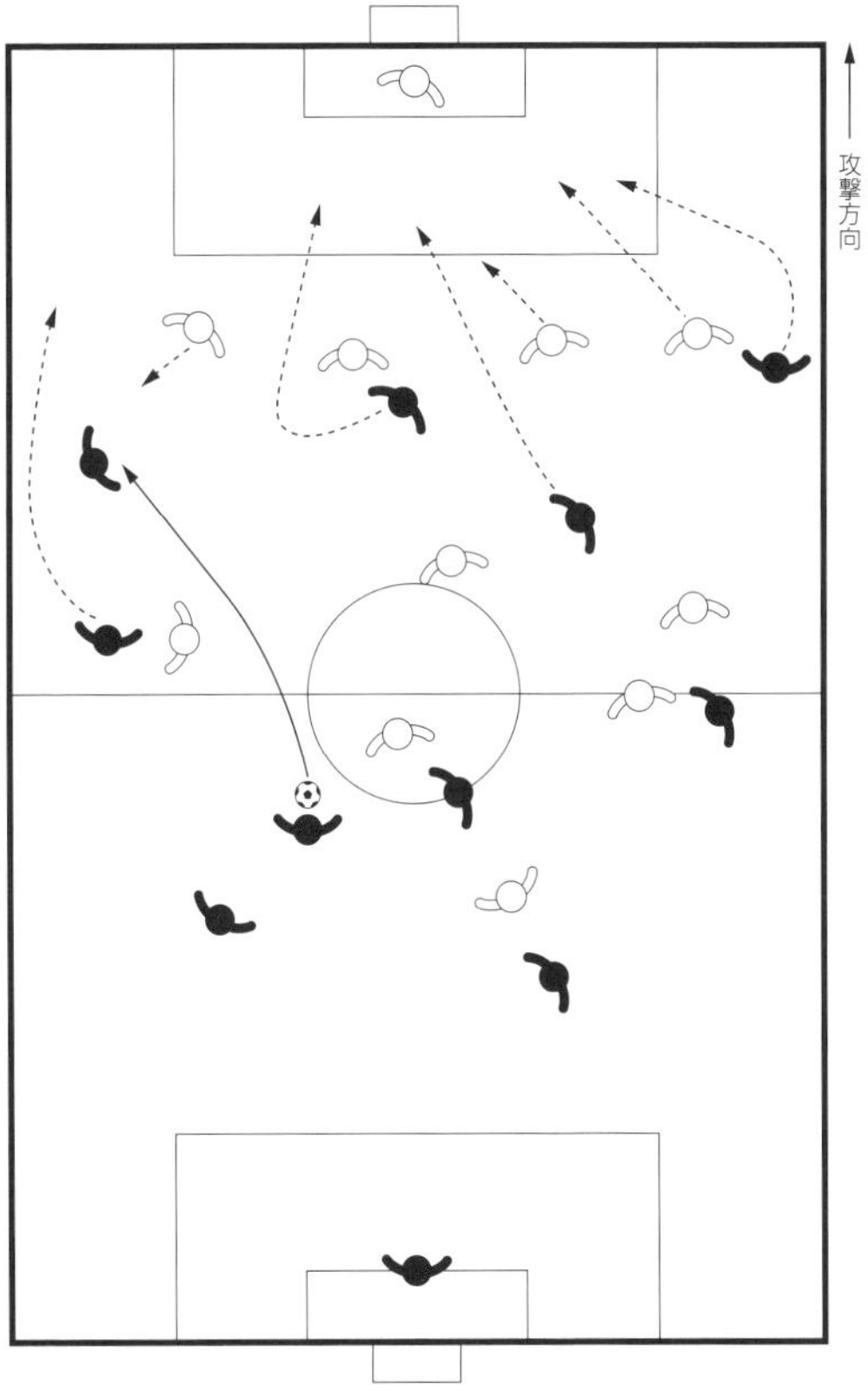

スペースを狙った動きを前方ミッドフィルダー、トップ、ウイング、サイドバックが行う。相手ゴール前では、相手よりも多い人数を集めることにもなり、パスの選択肢が生まれる。

──▶ ボールの動き　- - - -▶ 人の動き

図 14　メッシとアウベスが作り出すサブシステム

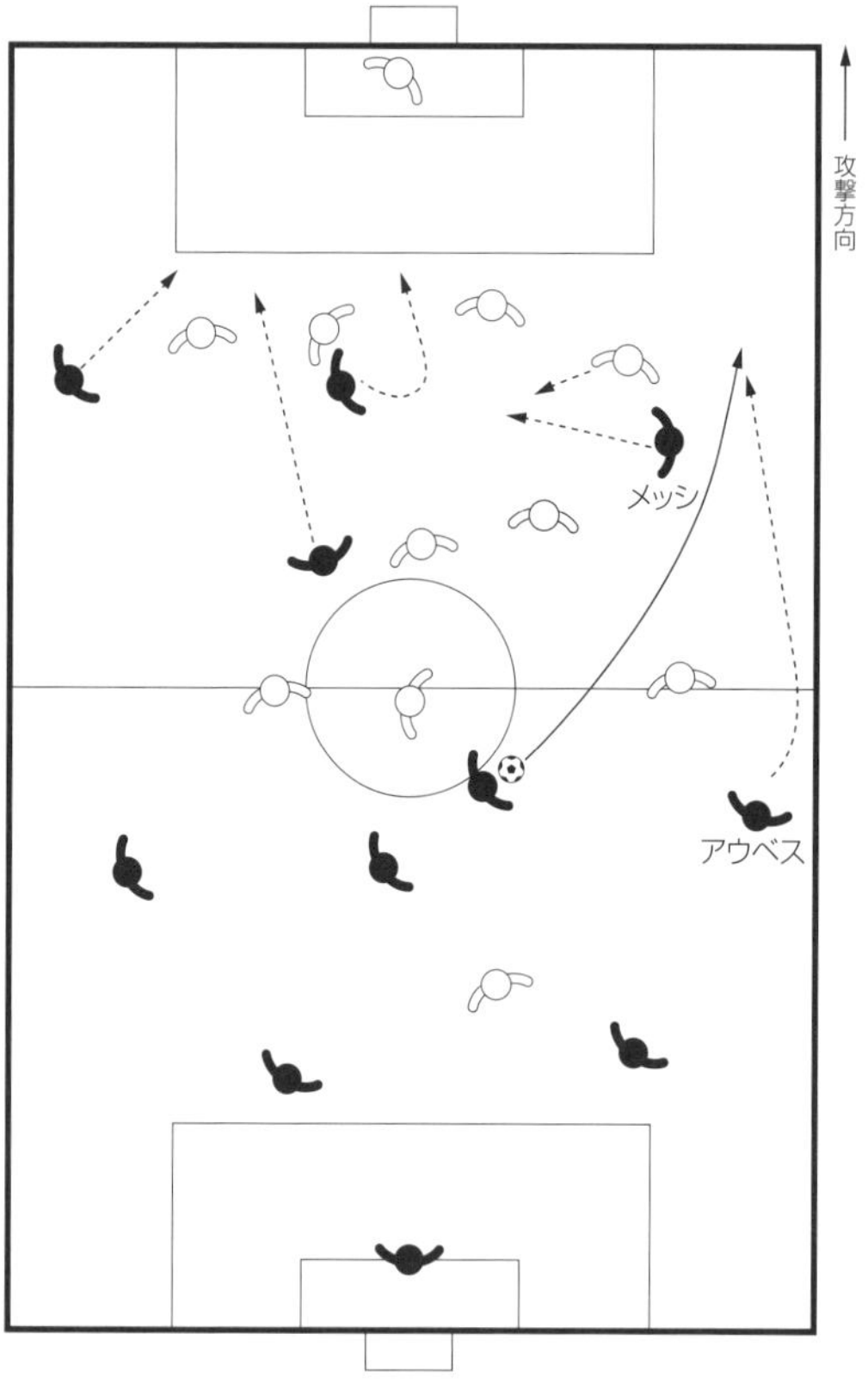

メッシが内側に走り出すことで相手 DF を引きつける。空いたスペースにアウベスがオーバーラップしてきたところに、パスが通ることで一気にチャンスが広がる。

守備をオーガナイズするまでのサブフェーズ			
攻撃の状況を作り出されることを防ぐ（相手チームの守備から攻撃への素早いトランジションを困難にする）			
全体の目的	動きの原則	展開のための手段	主なプレーヤー
▶逆サイドのスペースに展開される可能性を阻止しながら、ボールを失った場所と同じ場所でただちにボールを取り戻す ▶相手に抜かれるのを防ぐ ▶最初の守備ブロックを破られるのを防ぐ。特に縦方向のスペースを使われてはいけない ▶ボール保持者を追い回しパスコースを消して、攻撃の前進を阻む、または遅らせる	▶即座にトランジションする習慣をつける ▶持続的かつ組織的に相手がいやになるまで追い回す意思を持つ ▶自分が抜かれたら、チームメイトを危険に陥れるという認識（責任感）を持つ。与えられたポジションにおいての一対一を支配する ▶ボール保持者と対峙しているチームメイトを助けようとする意志を持つ ▶常に集団で遂行する守備行動に慣れる ▶常にインターセプトを狙おうとする習慣を持つ ▶相手を追いこんでいくために進行方向を限定しながらアプローチをかける（相手の動きの軌道を抑止して支配する） ▶組織を編成するためにピッチの縦方向の間隔の取り方を考慮する ▶直接的あるいは間接的に役立つという気持ち（思いやり）を持つ	▶個人でまたはペアで相手を追いかけ回す ▶左右にスライドする ▶味方をカバーする ▶守備の二対一（数的優位）をつくる ▶相手のプレーを止める ▶相手を追いかけ回す（状況に応じて速度の調整をしながら）	ウイング、トップ 前方ミッドフィルダー 後方ミッドフィルダー

守備をオーガナイズするまでのサブフェーズ

フィニッシュの状況をつくられることを防ぐ （効果的なカウンターアタックの遂行を妨げる）			
全体の目的	動きの原則	展開のための手段	主なプレーヤー
▶カウンターアタックを指揮する相手プレーヤーにパスがわたる可能性を最小限にしながら、守備の最終ラインを危険なシュートゾーンまで下げる ▶中央からの攻撃を阻止し、相手をサイドに導く ▶侵入されて破られることを防ぐ	▶効果的に追いかけまわし（効果的にアプローチをかける中で）抑止力を働かせて相手の進行方向を支配する ▶ピッチの縦方向の守備の深さを考慮する ▶相手が最終ラインの裏に侵入することを許さない 直接あるいは間接的に役立つという気持ち（思いやり）を持つ ▶自分が抜かれたら、チームメイトが危険に陥るという意識（責任感）を持つ。すべてのポジションにおいて（オフザボールのプレーを含む）、一対一を支配する ▶常に守備を助けるという気持ち（連帯感）を持つ	▶相手に思いとどまらせる。抑止する ▶後退しながら相手の動きをコントロールする ▶インターセプトを狙う ▶プレーの前進を阻む ▶相手を追いかけ回す（状況に応じて速度の調整をしながら）	後方ミッドフィルダー サイドバック センターバック

守備をオーガナイズするまでのサブフェーズ

成功を伴うフィニッシュを阻止する（フィニッシュのための重要なスペースを守る）			
全体の目的	動きの原則	展開のための手段	主なプレーヤー
▶最終ラインの裏のスペースに侵入しようとするアタッカーを”阻止する” ▶フィニッシュを狙う相手にとって有利なスペースを与えない（あらかじめ占有しておく） ▶リバウンドを拾われて連続攻撃を仕掛けられることを防ぐ	▶相手アタッカーがオフサイドポジションにいるとき、もしくは孤立しているときを除いて守備の深さを優先する ▶常にゴールを守ろうとする意志 ▶マークの受け渡しをする ▶ボールから遠く離れているプレーヤーが守備のために戻る粘り強さ（執念、執着） ▶リバウンドの方向を解釈する	▶後退しながら相手の動きをコントロールする ▶無力化する ▶シュートレンジでマッチアップする相手をコントロールする ▶シュートコースを妨害する（シュートブロック）	後方ミッドフィルダー サイドバック センターバック チーム全員

オーガナイズされた守備のサブフェーズ			
攻撃の状況を作り出されることを妨ぐ （効果的なスペースへの前進を妨害し、ボールを取り戻す準備をする）			
全体の目的	動きの原則	展開のための手段	主なプレーヤー
▶相手チームの攻撃の構築が開始された時点で、直接あるいは間接的にミスを誘う ▶ボールを取り戻すのに有利なスペースや状況に抑止力を使って、相手の攻撃の方向を誘導する	▶ボールとプレーヤーを孤立するようなスペースへ誘い込む。抑止力の介入が相手チームの攻撃の構築の初期段階を制する ▶自チームの守備に対する相手の反応を支配する ▶相手チームの傾向を再認識する	▶パスを出させないという抑止力を伴ったしつこいアプローチを行い、抜かれないためにスピードを調整する ▶効果的な距離で相手をコントロールする	トップ ウイング 前方ミッドフィルダー
▶守備ブロックの内側での連係を妨ぐ。パスの受け手にターンをさせない。ラインを完全に超えられることを避ける	▶守備ブロックに属している意識（機能的ユニット）を持つ ▶ライン間の距離を意識する ▶ボール保持者に絶え間ないプレッシャーをかける	▶縦方向のポジションをとっているプレーヤーにパスが出るのを抑止する ▶カバーの間隔が空くのを避けて、左右にスライドする	トップ ウイング 前方ミッドフィルダー
▶楽にパスを受けさせるのを防ぐ	▶常にインターセプトを狙う意識を持つ	▶追いかけ回す。インターセプトを狙う。ボールを奪い取る	トップ ウイング 前方ミッドフィルダー
▶ボール周辺での数的、位置的優位を確実につくる	▶ボール周辺での優位性を獲得するための団結精神を持つ	▶ボール保持者にプレッシャーをかけて仲間をカバーする ▶マッチアップする相手をコントロールする ▶数的優位（二対一）をつくる	トップ ウイング 前方ミッドフィルダー 後方ミッドフィルダー

オーガナイズされた守備のサブフェーズ			
フィニッシュの状況をつくられることを防ぐ（バランスを崩される可能性のある攻撃の手段を消す）			
全体の目的	動きの原則	展開のための手段	主なプレーヤー
▶自陣のペナルティーエリア近くで、相手が人数とポジショニングで優位になる状況を阻止する	▶常に団結する気持ちを持つ ▶グループの守備アクションを駆使して相手のリアクションを支配する	▶守備ブロックの左右にスライドする ▶味方のカバーをする ▶警戒すべきプレーヤーに対して二対一の局面をつくる ▶ポジションのバランスを崩そうとする相手に対して、マークの受け渡しをする。もしくは離れずについていく ▶グレーゾーンをとって対応する	関係するすべてのポジション
▶マークを外されたり、抜かれて侵入されないようにする	▶相手のプレーの変化を執拗なアプローチで支配する ▶決して破られないという気持ちを持つ	▶執拗に追いかけ回す ▶侵入してくる相手をコントロールする	関係するすべてのポジション

オーガナイズされた守備のサブフェーズ

成功を伴ったフィニッシュを阻止する（フィニッシュのための重要なスペースを守る）			
全体の目的	動きの原則	展開のための手段	主なプレーヤー
▶最終ラインの裏のスペースに侵入しようとするアタッカーを阻止する	▶相手アタッカーがオフサイドポジションにいるとき、もしくは孤立しているときを除いて、守備の深さを優先する	▶後退しながら相手の動きをコントロールする ▶相手を無力化する	後方ミッドフィルダー サイドバック センターバック
▶フィニッシュを狙う相手にとって有利なスペースを与えない（あらかじめ占有しておく）	▶常にゴールを守ろうとする意志を持つ ▶マークの受け渡しをする	▶シュートレンジでマッチアップする相手をコントロールする ▶シュートコースを妨害する（シュートブロック）	後方ミッドフィルダー サイドバック センターバック
▶リバウンドを拾われて連続攻撃を仕掛けられることを防ぐ	▶ボールから遠く離れているプレーヤーが守備のために戻る粘り強さ（執念、執着）を持つ ▶リバウンドの方向を解釈する		チーム全員

カウンターアタックのサブフェーズ			
攻撃の状況を作り出す （継続できる連係を確実にする）			
全体の目的	動きの原則	展開のための手段	主なプレーヤー
▶カウンターアタックを確実に指揮するために、最も能力があり、あるいは最も適したポジションをとっているチームメイトを効率的に探す ▶第1波の組み立てを確実にする ▶前進するために有利なスペースを特定し、スペースの確保を容易にする	▶カウンターアタックのプロセスにおいて、自分の持っている能力を、さまざまなプレーへの関与に発揮する ▶前進のための最初の判断として深さを考慮する（最前線のプレーヤーを使って相手陣内へ速く攻める） ▶マークを外すために有効なコースを支配する ▶ポジションにおける平衡（バランス）を保つスペースを確保する ▶マークを外すこと、スペースを確保すること、パサーの可能性を高めることの共通理解を持つ ▶相手チームが構築する守備の規則性を知る ▶前進するために必要なスペースを確保する決断力を持つ	▶ボールを奪い返した後の確かな連係を確認する ▶ボールを保持するため、あるいは侵入するためにマークを外す ▶ボール保持者に配慮して、相手プレーヤーを引き連れる ▶ボールを保持するため、あるいは侵入するためにマークを外す ▶チームメイトにスペースを与えるように、マッチアップする相手を引き連れて行く	関係するすべてのポジション

カウンターアタックのサブフェーズ

<table>
<tr><th colspan="4">フィニッシュとゴールを生み出す状況を作り出す
（相手チームが守備をオーガナイズしている間に生じるバランスの崩れを突く）</th></tr>
<tr><th>全体の目的</th><th>動きの原則</th><th>展開のための手段</th><th>主なプレーヤー</th></tr>
<tr><td>▶ユニット間のスペースや最終ラインの裏のスペースを開拓しながら、相手の守備バランスが崩れた瞬間を活用する</td><td>▶侵入するために相手のマークを外す
▶それを実行するための決断力を持つ
▶決断、マークを外す、パスを調整する</td><td>▶オフサイドを避ける軌道でマークを外す
▶状況判断をして、パスを行う。あるいは相手プレーヤーを引き連れる</td><td>トップ
ウイング
前方ミッドフィルダー</td></tr>
<tr><td>▶第１波の攻撃が展開できない場合は、第２波の攻撃の可能性を広げるために、味方の応援が来るまでプレーを遅らせる</td><td>▶第２波を構築する決断をし、孤立せずプレーについていく</td><td>▶オーバーラップする。あるいは次のプレーのために近くのプレーヤーが動き回る</td><td rowspan="3">関係するすべてのポジション</td></tr>
<tr><td>▶確実に侵入できない場合は、ボールの保持を長引かせる</td><td rowspan="2">▶ボールを保持することを評価し、フィニッシュでは慌てない
▶ボール保持者へ近づこうとする強い姿勢を持つ。ラインを結合する。</td><td rowspan="2">▶ボールを保持するために、相手のマークを外す。ボールを奪われないようにプロテクトする
▶次のプレーのために、近くのプレーヤーが動き回る</td></tr>
<tr><td>▶ボールの支配を継続するために、チーム全体が近づき、組織された攻撃へと移行する</td></tr>
</table>

オーガナイズされた攻撃のサブフェース

<table>
<tr><th colspan="4">攻撃の状況の構築
（守備ラインを超えて前進する）</th></tr>
<tr><th>全体の目的</th><th>動きの原則</th><th>展開のための手段</th><th>主なプレーヤー</th></tr>
<tr><td>▶安易なミスを防ぎ、最初の守備ラインを超える</td><td>▶確実でより効率的な連係を選択する
▶常に前進する、相手の守備ラインを超えるという気持ち（意図のないパスをしない）を持つ</td><td rowspan="2">▶リスクを判断して連係する
▶ボールより前に位置するプレーヤーが、ボールを保持するためにマークを外す（攻撃の方向を考えたボールの受け方）
▶ボールを運ぶ</td><td rowspan="2">センターバック
サイドバック
後方ミッドフィルダー
前方ミッドフィルダー
ウイング</td></tr>
<tr><td>▶前進するために意味のあるスペースを探す（相手陣内でプレーする）</td><td>▶継続してサポートする意思を持つ</td></tr>
<tr><td>▶縦方向の近い位置にいるプレーヤーとつながる可能性を追及し、サイドのプレーヤーが有効な形でボールを受けられるようにする
▶サイドバックに攻撃参加させる</td><td>▶相手の守備ブロックの内側でボールを保持するためにマークを外す。ポゼッションを確保するために、ボールに対して効果的に順応する
▶連係して関与するスペースを広げる
▶数的優位をつくるための決断をする
▶数的優位をいつ、どのようにつくるかという認識を持つ</td><td>▶ボールを保持するためにマークを外す、適応する、ボールを守る、これらの原則を展開して連鎖的なパスを行う
▶オーバーラップを行う</td><td>センターバック
サイドバック
後方ミッドフィルダー
前方ミッドフィルダー
ウイング</td></tr>
</table>

オーガナイズされた攻撃のサブフェース

フィニッシュの状況の構築する （相手のバランスを崩す）			
全体の目的	動きの原則	展開のための手段	主なプレーヤー
▶相手陣内での数的優位やポジションのアドバンテージの優位性を高める	▶ボールを受けるスペースを探し当てるための安定したバイタリティーを持つ ▶チームメイトのプレーを助けるという姿勢を持つ	▶ボールを回し、タイミングよく動き回る	関係するすべてのポジション
▶相手チームのゴール近くで、守備のバランスを崩す状況をつくり出す	▶相手プレーヤーを抜く、あるいは効果的なパスを選ぶ決断を行う ▶ボールを守ることに精通する	▶相手を抜き去る ▶パス＆ムーブを行う ▶オーバーラップを行う ▶ボールを保持し、侵入するためにマークを外す	
▶最終ラインのディフェンダーの間への侵入を可能にする	▶利益を与える立場と受ける立場の二面性を常に認識する	▶チームメイトが侵入するためにマッチアップするプレーヤーを引き連れる ▶侵入するためにマークを外す	

オーガナイズされた攻撃のサブフェース

効果的なフィニッシュをする (シュートするための重要なスペースを確保する)			
全体の目的	動きの原則	展開のための手段	主なプレーヤー
▶できるだけ多くの人数を、ペナルティーエリア内へ段階的に加える	▶利益を与える立場と受ける立場の二面性を常に認識を持つ ▶マッチアップするプレーヤーを常に上回ろうとする姿勢を持つ	▶チームメイトのために動く ▶オフサイドを避ける軌道でマークを外す	関係するすべてのポジション
▶フィニッシュを狙えるプレーヤーを粘り強く見出す	▶空いているスペースと相手のペナルティーエリア内を占有する認識を持つ ▶縦への意識と危険なプレーを仕掛ける意識を持つ	▶フィニッシュの準備ができているプレーヤーにパスを出す	
▶リバウンドを拾い、確実に攻撃を継続する ▶相手陣内にチームを集結させる	▶ボールとともに状況を進展させる ▶一つになるという集団意識を持つ	▶プレーヤーが加わり、何度でもバランスを整え直して攻撃し続ける動きをする	

4−2 プレーモデルの具体的な機能

ここからはさらにプレーモデルの機能を具体化する作業に入ります。私が観察するところの各ラインが応えなければならない一種の需要であり、特定のポジションで行われる具体的な任務でもあります。

前にも述べましたが、このような任務に帰納的（一般論によって引き出される結論）性質はなく、また、各監督の考えや思いつきに左右されるものでもありません。むしろプレーモデルの実行者であるプレーヤーの精神構造に定着したプレーのパターンと言えるでしょう。

ぜひ、想像を膨らませて読んでください。また、その状況をできるだけビジュアル化しながら読むことをおすすめします。根気のいる作業になるかもしれません。

◉プレーラインごとに求められる任務

A 守備をオーガナイズするまで（ボールを失った瞬間）

▼動的、多様な任務（前線からプレッシャーをかけるプレーヤーたち）

以下のことに基づいて、攻撃を組み立てる相手を時間とスペースの面で制限する。

●ボールを失った位置の反対側のスペースや、守備陣形の中のスペースへのパスコースを制限する。

●カウンターアタックを構築する第一の瞬間を防ぐために素早くプレスをかける。自分たちのカウンターアタックを容易にするために、直接ボールを奪い返しに行く。相手のミスを誘って間接的にボールを取り戻す。

●ボールをすぐに取り戻せない場合は、オーガナイズされた守備のサブフェーズを展開しやすくする。

▼一定の任務（前後からのプレッシャーに参加しないプレーヤーたち）

●攻撃と同様、守備の予測される動きを容易にするために、チームのまとまりを維持し続ける。
●カウンターアタックの可能性を取り去る。
●ダイレクトプレーの可能性を制限することで、攻撃を無効にする／遅らせる（攻撃を分散させる）。
●守備ブロックの構築を可能にする。
●大きくバランスを崩している場合、プレーを止める。

B　オーガナイズされた守備

▼第1ライン（トップ）

●ボール回しの方向を限定する（相手の攻撃を方向づける）。状況によって可能であれば、ボールを持っている相手サイドバックに対し、ウイングと協力して二対一の局面をつくる。

▼第2ライン（ウイングと前方ミッドフィルダー）

●ボールを奪い返すためのオーガナイズを容易にするために、サイドバックがパスの受け手になることを〝促しながら〟相手のミッドフィルダーにボールが渡るのを防ぐ。
●同じラインのチームメイトや前後のラインのチームメイトとの間に、縦横にかかわらず間隔が広く空くことを防ぐ。
●パスの受け手がゴールに対して正面を向くことを防ぐために、追いかけ回す。
●直接マッチアップする相手に対して気づかれないように寄せて行く、あるいは、サイドバックが攻撃に参加してきたらマークの受け渡しをする。

▼第3ライン（後方ミッドフィルダー）

●ほかのラインと大きく離れることを避ける。
●ほかのラインとの間隔を考慮して、必要な守備的サポートの責任を負う
●相手のトップがボールを受けた場合、センターバックと協力して二対一の局面をつくる。
●ウイングや前方ミッドフィルダーの不在に対して、マークする相手を変える、または気づかれないように寄せて行く。

●正面からでもサイドからでもペナルティーエリアにボールを入れられたら、センターバックが関与するスペースの強化を助ける。
●前や横にいるチームメイトが抜かれた場合のカバーを行う。

▼第4ライン（サイドバックとセンターバック）

●予測して素早く動き、形成するラインの裏側でボールを回されることを防ぐ。
●可能であれば常にアタッカーをオフサイドにする。
●マークを外され、シュートを打たれるという差し迫った可能性をコントロールする。
●意図的に動かされる／引き連れられる可能性がないのであれば、ラインを崩してでもマッチアップするプレーヤーのマークを外す動きについていく。
●自陣ゴール近くに入ってくる相手プレーヤーの優先順位（危険度）を考えて、マークの受け渡しやスライドを行う。

C　カウンターアタックを仕掛けるために

▼第1波（トップのプレーヤーとボールを取り戻した場所に近いウイングが優先的に構成する）

以下の方法で最終ラインの裏のスペースを開拓する。

●効果的にパスを受けるために、オフサイドにならないためのコースをとり、パサーの状況を感じてタイミングを計りながらマークを外して侵入する。
●チームメイトが侵入できるように、マッチアップする相手を引き連れる（有効なスペースを生み出す）。
●カウンターアタックの指揮者となるプレーヤーを固定する。

▼第2波（前方ミッドフィルダー、ボールを奪い返した場所の反対側のウイング、サイドバックが優先的に構成する）

●第1波の動きによって生じたスペースを観察し、その可能性をうまく利用する。
●相手プレーヤーがいないスペースを狙いながら、侵入するためにマークを外す。

●素早くフィニッシュの形まで持っていけそうなチームメイトを探す。
●中距離からのシュートを狙う。
●チームメイトの動きを利用して、ボールを持ちながら侵入する。
●第3波の構築を可能にする。

▼第3波（ほかのプレーヤーたち）

●前の動きによって導き出されるチャンスを狙う（特に第2波と関連）
●ボールポゼッションを長引かせる可能性を与え、プレースペースを広げて安定させる。
●カウンターアタックを効果的に展開できない場合、オーガナイズされた攻撃への移行を容易にする。

D　オーガナイズされた攻撃

▼第1ライン（センターバック）

●マークを外して適切なポジションをとるミッドフィルダーと確実な関係を築くことをベースに、攻撃の起点になり続ける。

●効果的なパスコースを見つけるために、相手のマークに支配されていないトップ、ウイング、サイドバックのプレーヤーを交互に探す。
●相手がどれほど強固な守備ラインでも、必ず打開するという強い意志を持ち続ける。
●必要に応じて有利な状況をつくり出すためにドライブ（状況を見ながらドリブルでボールを運ぶ）をする。

▼第2ライン（後方ミッドフィルダーとサイドバック）

●両サイドバックは、フィニッシュの状況をつくり出すために、サイドのスペースを利用して攻撃参加する任務がある。そのためには、相手の背後のスペースを狙わなければならない。
●後方ミッドフィルダーは、ボールがあるラインよりも意識的に後ろにポジションをとることによって、攻撃に厚みを持たせる任務がある。また、チーム全体の今後のプレーを考えて、攻撃の方向を決めていく。
●守備ブロックの内側でマークを外してフリーになるトップやウイングのプレーヤーたちと継続的に連係を保つ。
●中距離からのシュートを狙う。

▼第3ライン（前方ミッドフィルダー）

●サイドのスペースを活用することを意識し、ボールポゼッションするために守備ブロックの内側でマークを外す。
●攻撃の継続を容易にするための効果的なボールの受け方／連係。
●突破を図り、自らもシュートを狙い、ペナルティーエリア内にいるチームメイトと連係する。また、サイドバックとセンターバックの間のスペースを利用して、ウイングとのワンツーなどで侵入する。

▼第4ライン（ウイングとトップ）

●相手プレーヤーのポジションの間隔を広げるために動き回り、守備ブロックの内側でのパスの連係を容易にする。
●攻撃の継続を容易にするための効果的なボールの受け方／連係。
●相手の最終ラインのユニット間にできた隙間に侵入する。
●ペナルティーエリア内でフィニッシュするために、パスを出すチームメイトのタイミングに合わせてマークを外す。

◉ポジションごとの特有な任務

トップ（エトー、ボージャン、メッシ）

▼守備をオーガナイズするまで

●相手チームの攻撃開始の瞬間に、素早く攻撃から守備のトランジションを行って追いかけ回す。

●ボールを奪われた場所と反対側のスペースへ展開させないように、最初の連係を相手に思いとどまらせる（抑止する）。

●ただちにボールを奪い返せない場合は、守備ブロックを構築するために努力する姿勢を維持する。

●守備ブロックから孤立しない。

▼オーガナイズされた守備

●オープンな守備陣形のときは、サイドチェンジなどをさせないようにしながら、攻撃の進行方向を限定する。

●サイドバックにボールを持たせて、追い込む（前方ミッドフィルダーと協力して守備の二対一という数的優位をつくる）。

●守備ブロックの中への侵入を妨げるために、近くのミッドフィルダーと協力して縦方向のスペースをケアする。

▼カウンターアタックの最中

●素早く適切にマークを外す、もしくは素早く適切に動くことによって、カウンターアタック成功の可能性を高める（第一の狙いは深さであることを忘れてはならない。つまり敵陣深くに早く到達すること）。

●簡単にボールを失ってはいけないことを強く意識する。

●カウンターアタックの最後の局面では、シュートを狙えるスペースに確実にいる。

▼オーガナイズされた攻撃

●相手の両センターバックと駆け引きしながら自らの方向に引き寄せておき、近くにいるチームメイトがプレーしやすい状況をつくる。また、相手に最終ラインを下げさせ、チームにスペースを提供する。

●守備ブロックの内側でボールを受けるためにマークを外す（適切なボールの受け方／ボールキープのテクニックを意識する）。
●近くにいるプレーヤーを助ける。
●最終ラインのディフェンダーの背後へ侵入するためにマークを外す。
●ペナルティーエリア内に侵入する可能性を高め、常にフィニッシュを狙える態勢を整える（マークを外す）。

ウイング（アンリ、メッシ、イニエスタ、ペドロ、フレブ）

▼守備をオーガナイズするまで

●相手チームが攻撃を開始する瞬間に、素早く攻撃から守備のトランジションを行って追い掛け回す。
●ボールを奪われた場所と反対側のスペースへ展開させないように、最初の連係を相手に思いとどまらせる（抑止する）。
●ただちにボールを取り戻せない場合は、守備ブロックを構築するために努力する姿勢を維持する。

●守備ブロックから孤立しない。

▼オーガナイズされた守備

●破られることを防ぐ（プレスしやすいスペースで、マッチアップするプレーヤーがボールを受けるように〝誘う〟）。

●マッチアップする相手のプレーヤーの前進する方向を限定し、破られたり、楽に連係されることを防ぐ。

●下がって守備陣形を整える中で、ミッドフィルダーのラインに加わる。

●サイドバックを助けながら二対一の数的優位の局面をつくり、マークの受け渡しやスライドをして、サイドのスペースのバランスを崩されることを阻止する。

▼カウンターアタックの最中

●素早く適切にマークを外す、もしくは素早く適切に動くことによって、カウンターアタック成功の可能性を高める（第一の狙いは深さであることを忘れてはならない。つまり敵陣深くに早く到達すること）。

●第1波の主体プレーヤーとして、前進するのに有利なスペースを素早く確保する。

●簡単にボールを失ってはいけないことを強く意識する。
●カウンターアタックの最後の局面では、シュートを狙えるスペースに確実にいる。

▼オーガナイズされた攻撃

●相手の守備ユニットを分離させるために、できるかぎりの幅と深さを維持する。
●事前の動きで、前方のミッドフィルダーやトップが相手の守備陣の内側でボールを受けやすくする。
●確実に前進するため、スペースを広げる動きをする。ポゼッションするためにマークを外し、攻撃を継続するために確実なボールの受け方／連係を継続する。
●マッチアップする相手のプレーヤーのミスや、最終ラインのディフェンダー間のスペースをうまく利用して侵入する。
●サイドのスペースで直接的な方法（ドリブルで相手を抜く）、もしくは攻撃参加するプレーヤーを助けることでバランスを崩す（サイドバックの侵入を容易にする。オーバーラップさせるなど）。
●ペナルティーエリア内にいるチームメイトがマークを外してフィニッシュするために、効果的な動きで連係を図る。

●ボールが反対側で展開されたら、フィニッシュできるスペースに入る。

前方ミッドフィルダー（ケイタ、グジョンセン、チャビ、イニエスタ、フレブ）

▼守備のオーガナイズをするまで

●相手チームが攻撃を開始する瞬間に、素早く攻撃から守備のトランジションを行って追い回す。

●ボールを奪われた場所と反対側のスペースへ展開させないように、最初の連係を相手に思いとどまらせる。（抑止する）

●ただちにボールを奪い返せない場合は、守備ブロックを構築するために努力する姿勢を維持する。

●守備ブロックから孤立しない。

▼オーガナイズされた守備

●守備ブロックの内側に位置する相手プレーヤーがボールを楽に受けることを防ぐ（相手チームのミッドフィルダーのボールの流れに対応して追いかけ回す）。

- マッチアップする相手プレーヤーのプレーを防ぎながら、危険な場所でボールを保持するセンターバックの前進を阻止する。
- バランスを崩す可能性がある場合は、サイドバックと協力する（二対一の守備、マークの受け渡し、スライド）。
- リバウンドを拾って、連続攻撃を阻止する。そのための重要なスペースを占有する。

▼カウンターアタックの最中

- カウンターの遂行を容易にするためにマークを外す。
- 確実な方法で連係し、前進するために有利なスペースを確保する。
- カウンターの第1波に加わっていない場合、第2波を確実に構築しながら前進する。
- 第1波の動きで生まれたスペース（フィニッシュのための）を見逃さない。

▼オーガナイズされた攻撃

- 相手チームの守備ブロックの内側でボールを受けられるようにマークを外す。
- ボールの保持と攻撃を継続するために確実なボールの受け方／対応をする。
- サイドのスペースに位置している、あるいは中に入ってくるプレーヤーとの連係をスムーズにする。
●最前線への侵入と最前線のチームメイトとの連係。
●ウイングとトップのプレーヤーの動きによって生まれたスペースに侵入する。
●フィニッシュの局面に加わる。

後方ミッドフィルダー（トゥーレ、ブスケツ）

▼守備をオーガナイズするまで
●効果的なトランジションをした相手のアタッカーをコントロールしながら、ボールを取り戻すためにただちに前に出たブロックのカバーをする。
●前線の守備ブロックが戻りやすいように攻撃を遅らせ、カウンターアタックを仕掛ける相手のプレーヤーが前進するスペースを消す。
●大きくバランスを崩した場合、プレーを止める。

▼オーガナイズされた守備
●ウイングと前方ミッドフィルダーが形成するラインのカバー。

●相手のトップ、あるいは二列目のプレーヤーが楽にボールを受けることを防ぐ。また、センターバックと協力して二対一の局面をつくる。
●サイドバックと協力して、守備のバランスを崩す可能性を避けるためにカバーする。また、状況に応じてマークの受け渡しを行う。あるいはスライドして相手についていく。
●簡単に中距離シュートを打たれないようにする。

▼カウンターアタックの最中

●カウンターアタックの遂行を容易にするために相手のマークを外す。
●確実な方法で連係し、前進するのに有利なスペースを確保する。
●第2波に関わる可能性（その場合、第1波の動きにより生まれたスペースをうまく利用する）。
●第1波、あるいは第2波に関与しなかった場合、それぞれのラインを近づけ、オーガナイズされた攻撃や守備構築の次のプロセスを容易にする。

▼オーガナイズされた攻撃

●相手のマークを外したり、前方ミッドフィルダー、ウイング、トップのプレーヤーが守備ブロックの内側でパスを受けるために動く。
●ボールがあるラインよりも意識的に後ろにポジションをとり、攻撃に厚みを持たせる。また、チーム全体の後々のプレーを考えて、攻撃の方向を決めていく。
●ボールラインの後ろでマークを外してポジションをとり、ボール回しに変化を加えながら確実に攻撃を継続できるようにする。
●チーム全体を近づけるために、あるいはボール回しの流れを容易にするために、バランスをとりながら移動する。
●中距離からのシュートを狙う。

サイドバック（アビダル、アウベス、プジョル、シウビーニョ、カセレス）

▼守備をオーガナイズするまで

●直接、あるいは間接的な方法で確実にボールを取り戻すために、最初に前に出て守備ブロックを形成する一員とともに、近くにいるパスの受け手となりそうな相手プレーヤーをコントロールする。
●大きくバランスを崩した場合は、プレーを止める。

●後ろにポジションを取りながら前の守備ブロックに加わり、なおかつマークを外されたり積極的な動きをされないように、遠くにいるパスの受け手となりそうな相手プレーヤーをコントロールする。
●相手アタッカーがパスの受け手になってカウンターアタックを仕掛ける可能性がある場合は、シュートを打たれる危険な距離まで下がってライン裏の侵入を防ぐ。サイドのスペースでの連係に関しては〝状況によっては許す〟。
●フィニッシュするためにマークを外そうとする相手をコントロールする。

▼オーガナイズされた守備
●周りのチームメイトと縦、横の間隔が空くことを避け、強固な守備ブロックを形成する。
●ボールが近くにあれば、マッチアップする相手をコントロールして楽にパスを受けさせないようにする。また、そのプレーヤーにボールが渡った場合はターンさせないようにし、パス&ムーブの動きに対応する。
●ボール保持者から離れている場合、マッチアップするプレーヤーとの距離をある程度とってコントロールする（正しい方向性で距離を置く）。マークを外されたり、自由に動かれないようにする。

●バランスが崩れる可能性がある場合、チームメイトとの連係を図る（一対一の状況で応援を加え二対一の数的優位をつくる）。カバー、マークの受け渡し、スライドしながらついていく。

●マッチアップする相手のボール保持者とペナルティーエリア内に位置するアタッカーとの連係を阻止する。

●ペナルティーエリア内にボールを入れられそうな差し迫った状況下で相手をコントロールする。

▼カウンターアタックの最中

●自分が関与するスペースでボールを奪い返せた場合は、カウンターアタックを指揮するか、もしくは第1波に加わる。

●前のチームメイトと連係し、前進するために有利なスペースを確保する。

●第2波に加わる可能性（その場合、第1波の動きにより生まれたスペースをうまく利用する）。

●第1波も第2波にも加わらない場合は、チームのそれぞれのラインを近づけて前進し、オーガナイズされた攻撃や守備構築など次のプロセスを容易にする。

▼オーガナイズされた攻撃

- ●ボールを受ける、前進する、あるいはセンターバック、後方ミッドフィルダー、前方ミッドフィルダーとの連係を図るため、マッチアップする相手をコントロールする。
- ●ウイングの動きで生まれたスペースを利用して侵入する。
- ●相手の背後を狙う、もしくはチームメイトの後ろを回るなどしてオーバーラップする。
- ●マークを外して侵入する最前列のアタッカーと連係を図る。
- ●ボールラインの後ろでマークを外してポジションをとり、ボール回しに変化を加えながら、確実に攻撃を継続できるようにする。
- ●チーム全体を近づけるために、また、ボール回しの流れを容易にするためにバランスをとりながら移動する。
- ●中距離からのシュートを狙う。

センターバック（マルケス、プジョル、カセレス、ピケ、ミリート）

▼守備をオーガナイズするまで

●直接、あるいは間接的な方法で確実にボールを奪い返すために、最初に前に出て守備ブロックを形成する一員とともに、受け手となる可能性がある近くの相手プレーヤーをコントロールする。

●大きくバランスを崩した場合、プレーを止める。

●後ろにポジションを取りながら前の守備ブロックに加わり、なおかつマークを外されたり積極的な動きをされないように、遠くにいるパスの受け手となりそうな相手プレーヤーをコントロールする。

●相手アタッカーが受け手になってカウンターアタックを仕掛ける可能性がある場合は、シュートを打たれる危険な距離まで下がってライン裏の侵入を防ぐ。サイドのスペースでの連係に関しては〝状況によっては許す〟。

●フィニッシュするためにマークを外そうとする相手をコントロールする。

▼オーガナイズされた守備

●周りのチームメイトと縦、横の間隔が空くことを避け、強固な守備ブロックを形成する。
●マッチアップする相手を追い回し続ける。そのプレーヤーにボールが渡った場合は、ターンさせないようにしてパス&ムーブの動きに対応する。
●ボール保持者から離れている場合、マッチアップするプレーヤーとの距離をある程度とってコントロールする（正しい方向性で距離を置く）。マークを外されたり、自由に動かれないようにする。
●バランスが崩れる可能性がある場合、チームメイトとの連係を図る（一対一の状況で応援を加え二対一の数的優位をつくる）。カバー、マークの受け渡し、スライドしながらついていく。
●マッチアップする相手のボール保持者とペナルティーエリア内に位置するアタッカーとの連係を阻止する。
●ペナルティーエリア内にボールを入れられる可能性がある差し迫った状況で相手をコントロールする。

▼カウンターアタックの最中

●カウンターアタックを行う最適な位置にいるチームメイトと連係する。
●確実に安全に前進できる場合は、チーム全体を近づけ、オーガナイズされた攻撃や守備をオーガナイズするという次のプロセスを容易にする。

▼オーガナイズされた攻撃

●ボールを回すために、できるだけ幅広くポジションをとる。
●プレーに関与するごとに危険度を意識する（リスクマネジメント）。
●適切なパスを素早く（慌てずに）選択する。
●周りのチームメイトと連係して前からのプレッシャーをかわす。
●絶えずパスの方向を変える。
●プレッシャーがない場合はドライブする（状況を見ながらドリブルでボールを運ぶ）。
●マークを外して侵入する最前列のアタッカーと連係をとる。
●ボールラインの後ろでマークを外してポジションをとり、ボール回しの方向を変えながら、確実に攻撃を継続できるようにする。
●チーム全体を近づけるために、また、プレーの流れを容易にするためにバランスをとりながら移動する。

著者あとがき

「現実は尽きることがなく、知識によって完全に覆われることはない」

――フランシスコ・メンチェン・ベジョン（教育学者／スペイン）

「私が実際より優秀な監督に見えるのは、素晴らしいプレーヤーたちに恵まれたからだ」

――ジョゼップ・グアルディオラ　現バルセロナ監督

本書では確実性の庇護のもと、これまでフットボールの世界で真実だと思われてきた習慣を疑問視してきました。

このことは大いなる進歩の証しであると思われます。

人生を豊かにするための果てしない挑戦や探求心に刺激を受けない人たちには、とうてい見ることができない多くのエビデンス（根拠）がこの本の中にはあるはずです。

読者の皆さんに示唆してきたことは、モノゴトを感じとるためのホリスティック（包括的）な見地です。個々のプレーとプレーの関係に注目しながらチーム全体の組織にはめ込むことができたとき、古典的なパラダイムによって見過ごしてきた本質を発見できるのです。

また、複雑性のパラダイムよってフットボールの基本概念を整理してきました。全体を理解するために要素を分けることと、意識の中の単純化された部分に詰め込まれた定型を撃ち破ってきたのです。

バルセロナは高いレベルのフットボールに近づくためのパノラマを、私たちに示しています。それは、スペシャリストとして最高の貢献の仕方と言えるでしょう。

同様に、さまざまな構造の総和として捉えていたプレーヤーを、分けられない存在として理解させてくれました。フィジカルやメンタル、テクニックなど一つだけの構造的側面だけでプレーヤーを語ることなどもはやできません。

プレーに関しても、攻撃と守備という分離の不自然さに声を荒らげ、避けようのない同じ現実をつくるものであることをバルセロナは示しています。

私たちはこれからも、プレーの相互作用によって生み出される波及効果を大切にしているバルセロナを注目し続けるでしょう。

フットボールの監督にふさわしい姿というのは、相互作用の条件をつくり出す役目を果たし、新たな発見を引き出すことにほかなりません。プレーヤーの賢いコンビネーションから方策は生まれます。能力を効率よく並べることで効果は何倍にもなり、各々が手段を持つ賢明な組織ができ上がるのです。

こうした前提がなければ、トレーニングはまったく意味のないものになるはずです。抱えている問題が解決されることは永遠にありません。

それでは、本書の最後は、ヴィトゲンシュタインの言葉で締めくくらせていただきます。

「おそらく……、あなたが最初に持っていた知的好奇心は、いまは満たされていると想像する。しかし、新たな知的好奇心がどっと押し寄せる衝撃に、あなたは気づいているだろうか。そうだとしたら、それは、よい兆しだ」

私の唯一の望みは、読者の皆さんの視点に、極端な影響を与えていないこと――。

ただ、それだけです。

オスカル・P・カノ・モレノ

訳者・羽中田昌　試合分析

2010―2011 CLファイナルを振り返って

バルセロナは間違いなく進化した。

2010―2011CL（チャンピオンズリーグ）ファイナルのバルセロナは、現時点での史上最強チームだ。私が最も愛したクライフ率いるドリームチームよりも、2年前のローマ・オリンピコでビックイヤーを掲げたグアルディオラ就任1年目のチームよりも強かった。

私は、そう感じた。

敵将アレックス・ファーガソンは試合後、「現在のバルセロナは私がこれまで見てきた中で、最高のチームであることは間違いない」と語った。

一方、再びタイトルを手にした若き指揮官ペプ（グアルディオラの愛称）は、自らのチームをこう称えた。

「このような素晴らしい選手に囲まれ、私は非常に恵まれていると思う。選手にはハードワークを求めてきたが、この栄冠に向けて努力したすべての人を祝福したい。今日は（2009年の）ローマでの決勝と比べても内容が良かった。当時、試合直後に私はいいゲームだったと話したが、後になって見直したところ、そこまでいいとは思えなかった。今回の試合ではずっといいプレーを見せられたし、2年前より多くのチャンスをつくったので、あの試合はもはや過去の話だ。今回のような勝ち方ができたことを、一番誇りに思う。これこそ私の求めるプレースタイルだからだ」（UEFA.comより）

私はこの試合を、翻訳を終えてインスパイヤーされた頭で繰り返し観た。「これこそ私の求めるプレースタイル」とペプに言わしめた理由を探りたかったのだ。

そして、進化し史上最強となったバルセロナを、私は次の3つの観点から眺めることにした。

1　バルセロナの守備は攻撃から始まっていた

2　規律以上の規律

3　進化し続けるプレーモデル

その前に一つ、別の視点で史上最強の理由を示しておく必要がある。それはユナイテッドが史上最強の対戦相手だった、ということだ。もしユナイテッドが、ただ守るだけで全くゴールを目指さず、勝つことよりも負けないフットボールをする弱小チームだったら、どうだろう。バルセロナが真の強さを示すことはできなかったはず。ユナイテッドの洗練された強さが、バルセロナをより輝かせたのだ。

ペプは最高の相手であるユナイテッドをこう評している。

「ユナイテッドはスペクタクルなチームだ。常々、アレックス・ファーガソン監督に敬意を抱いているが、今日の試合を経てその思いはいっそう強くなった。この4年間で3回CL決勝に出場しているという事実が、すべてを物語っている」（UEFA.comより）

1 バルセロナの守備は攻撃から始まっていた

立ち上がりは、前回のローマ・オリンピコでの対戦とほぼ同じ展開だった。ユナイテッドのすさまじい前線からのプレスとプレスバック（ボールを持った相手プレーヤーを自陣へ戻りながら挟み込むようにプレッシャーをかけること）が機能する。また、ディフェンスラインの裏を狙うロングフィードが繰り出されるなどユナイテッドのリズムであったことは否めない。

ただ、この流れはそう長くは続かなかった。いや、振り返ってみると、バルセロナの想定内だったようにも思える。

10分を過ぎた頃から、完全に形勢は逆転した。ユナイテッドのリズムとファイナルの雰囲気に身体が馴染むと、バルセロナが自らのゲームプランの効果を発揮し始めたのだ。

ショートパスを使い、相手を食いつかせておいてギャップやスペースをつくってボールを前に運んでいく。決して急がず、強引でもなく確実に。それにしても、あのスロースピードのパス回しで、前線から必死にプレスをかけるユナイテッドの餌食にならないのは驚きだ。そんじょそこらのプレスではない、ユナイテッドの洗練されたプレスなのだ。バルセロナのアイデンティティともいえるボールポゼッションについて、ここで簡単に語ることはできまい。その挑戦は避けるが、特にパスの受け手を大事にし、相互作用が生み出す効果を尊重し合う姿には、語り尽くせない〝深さ〟がある。

話を元に戻そう。この試合では、バルセロナの積極的な仕掛けは相手陣深くまでボールを運んでからであった。メッシが下がってボールを受けることはあったが、いつもの低い位置からの強引なドリブルは封印していた。なぜなら、メッシの低いところからの仕掛けは、ビックチャンスをつくる代わりに、相手にとってはボールを奪う絶好のチャンス。そこからカウンターアタックを狙われることになるからだ。

試合が進むにしたがって、ユナイテッドのプレーヤーたちの混乱が手に取るように伝わってきた。おそらく彼らは自分たちのゲームプランを、相手の戦い方によって奪われてしまったのだろう。〝できるだけ高い位置でボールを奪って、速い攻撃を仕掛ける〟。定かではないが、これがユナイテッドの狙いだったとすると、バルセロナは意図的に封じていたのだ。

バルセロナは、ユナイテッドのある程度高い位置でのボール奪取を阻止し、カウンターアタックの可能性を与えない攻め方をしていた。ユナイテッドが自陣深くでボールを奪えても、相手ゴールははるか彼方で、分断されたプレーヤーたちは連係を持つことができなかった。

また、ショートパスを使い、決して急がない遅攻によって、ボールに対し味方やラインを近づけることにつながる。つまり、ボールを奪われたとしても、その場は人数がそろい、コンパクトな守備ブロックが形成される。相手の攻撃を遅らせ、奪い返すことが容易になるのだ。だから、前半25分40秒、ボールを受けたイニエスタはあえてカウンターを仕掛けなかった。

さらに、メッシ、イニエスタ、チャビを中心に（頭文字をとってＭＩＸ・ミックスと呼ぶ）守備ブロックの中を攻略することで、相手をピッチ中央に集結させた。ユナイテッドのサイドプレーヤーのパク・チソンやバレンシアはポジションを絞らなくてはならず、得意の高速サイド攻撃は影を潜めたのである。特にＭＩＸに翻弄されたバレンシアは冷静さを失いファールの数が増えていった。

その通りである。バルセロナは攻撃と同時に守備をしていた。もちろん、素早いトランジション（攻守の切り替え）は大切だ。しかし、バルセロナを語るには、この単語を安易に使ってはいけないような気がする。切り替える前から守備は始まっているのだから。

やはり攻撃と守備を切り離すことなど、できなかったのだ。

2　規律以上の規律

バルセロナのプレーヤーたちは、この試合においても一瞬たりとも手を抜くことはなかった。決してプレーを止めず、集中を途切れさせることもなかった。全員がチームのために一丸となってプレーし続ける姿に私の胸は高鳴った。当たり前のことかもしれないが、その当たり前のことができない、規律のないチームが多い。

彼らは、フットボールでは、個人プレーが存在しないという真の意味を知っている。チームメイトの協力がなければ、自分が表現したいプレーを、また、自分の能力を発揮することはできないということも知っている。つまり、プレーヤーたちは、常につながり、補い合っている。それがバルセロナのフットボールなのだ。

本書の中に出てくるチャビの言葉が、今でも私の心の中で響いている。

「正直に言って、僕が生きるも死ぬもチーム次第だ。僕のプレーには仲間が必要だ。一人が相手のマークを振り切って、もう一人が僕のために短い距離を動いてくれなければ、僕は僕になれない。チームメイトなしでは、僕のフットボールは意味をもたないんだ」

後半43分だった。膝の怪我でベンチを暖めていたグラン・カピタン（偉大なるキャプテン）が姿を現した。3対1でバルセロナがリードの場面。アウベスに代わってプジョルが投入された。ニュー・ウエンブリーの緑のピッチが、さらなる大歓声に包まれていた。ペプの粋な計らいとも言えよう。

そして、直後、国際映像はプジョルが手のひらを前に出して、何かを制する姿を映し出した。おそらくチャビの腕に巻かれていたキャプテンマークに対してであろう。私は心の中で、〝いいシーンだなぁ〟とつぶやいていた。チャビの姿は映らなかったが、グラン・カピタンとチャビの尊重し合う思いが十分に伝わってきた。結局、キャプテンマークはマスチェラーノを経由してプジョルのもとへと渡ったのである。別の試合でも、このようなシーンを見たことはあるが、〝これがチームだ〟と思えた瞬間だった。

だが、この話を、これで終わらせることはできなかった。

試合終了の笛が鳴り、しばらくして段取りが整うと、クライマックスの場面はやってきた。バルセロナがそろって勝利の雄叫びを上げる瞬間である。優勝トロフィーのビックイヤーを頭上に掲げたのが、左サイドバックのアビダルだったのだ。通常は、キャプテンの役目である。肝腫瘍を摘出し、奇跡の復活を果たしたアビダルがまぶしく輝いていた。そして、彼の左腕にはプジョルから預かったキャプテンマークが巻かれてあった。

これ以上の規律があるだろうか。決して、上から押しつけられた規律ではない。

3　進化し続けるプレーモデル

２００９年、ローマ・オリンピコの戦いになくて、この試合にあったモノは何か。間違いなく、多くのさまざまなモノがあるだろう——。

ここで特筆したいのは、ビジャとペドロだ。説明するまでもないが、ファイナルの舞台でメッシとともにゴールをあげ、３トップそろい踏みの偉業を成し遂げたプレーヤーたちでもある。まさに、これまた頭文字をとってＭＶＰだ。

ペドロはすでに昨シーズンからバルセロナで大活躍しているが、彼らは今回、バルセロナに新たなプレーモデルを注入したプレーヤーであると言える。本書で綴られている２年前のダニエウ・アウベスと同じように、チームに新たな手段をもたらしたのだ。

まずは、ビジャから話を進めさせてもらおう。ビジャの印象に残るプレーといえば、ディフェンスラインの裏への飛び出しである。相手と駆け引きしながら、絶妙のタイミングとコース取りで侵入していく。まさにダイレクトプレーを得意とした前所属のバレンシアで磨いた動きだ。この動きは、たとえパスを受けられなくても相手の最終ラインを深く下げさせることにつながっていく。

前半10分15秒の裏への飛び出しも見事だった。メッシからのスルーパスをドンピシャのタイミングで受け、シュートチャンスをつくり出している。この一連のプレーによって、ユナイテッドの守備の積極性が微妙に失われ、流れがバルセロナに傾いたと言ってもいい。

また、このビジャのプレーによって、ディフェンスラインが下がるということになれば、その分、メッシにスペースが与えられる。ドリブルの仕掛けやスルーパス、シュートといったプレーが、やりやすくなるのだ。

メッシとビジャがつくり出すサブ・システムによって、確実にチームはレベルアップした。エトーやイブラヒモビッチでは、できなかったことだろう。

お次はペドロ。圧巻だったのは、後半29分25秒からのチェイシング。あの時間帯に約20秒間、ボールを追い掛け回したのである。左から右、そして相手GKまで全力でプレッシャーをかけ続けた。彼は疲れを知らないのか！　アタッカーでここまで守備に力を注ぐプレーヤーを私は知らない。まるでペドロは、ボールを奪われた時が最も生き生きとして楽しんでいるようにも見える。己の仕事を熟知している所以《ゆえん》だろう。

彼の守備によるチームへの貢献度は計り知れない。相手陣でボールを奪い返す可能性を高め、チャンスをつくり出す。得点には至らなかったが、前半23分57秒からのチェイシングは、まさにその形であり、ペドロの真骨頂だった。

また、ペドロのすさまじい（攻撃のときから狙っている）トランジションはファーストディフェンダーとして、素早く相手のボール保持者に対応して攻撃を遅らせる。カウンターアタックを未然に防いでいるのだ。

当然、ペドロの守備力のおかげで、チームメイトの守備の負担は軽減される。その恩恵を最も受けているのは、メッシに違いない。より攻撃に力を注ぐことができるというわけだ。

さて、ここで、ペプのメッシに対するコメントを2つ紹介する。

一つ目は、今回のCL決勝後のものだ。

「リオネル・メッシは私がこれまで見てきた中でも最高の選手で、おそらく今後もこうした選手は現れないだろう。われわれのチームには良い選手がそろっているが、メッシ抜きでは、チームがここまでの大躍進を遂げることはなかったはずだ。メッシの才能は唯一無二のもので、これからも彼がこのクラブに満足してくれることを望んでいる。今後もすべてがうまくいき、メッシが求めるチームづくりを進められるよう、クラブが賢い選択をしてくれるよう願いたい」(UEFA.comより)

もう一つは、2年前のコメントで、本書にも紹介されているものだ。

「メッシが最高のプレーヤーかどうかはあなた方が議論すべきことで、私はその議論には加わらない。私はメッシを一人のプレーヤーとしてだけで理解しようとは思っていない。文脈とともに総括的に観るようにしている。私が目指すのは、チームがメッシをより良いプレーヤーにすること、そして、メッシがチームをより良くすることの手助けだ。このことはメッシだけではない。チームのプレーヤー全員が共にそうなるよう努力している」

二つとも会見の一部を抜粋したものであり、いつ語られたかによって文脈が変わってくるのを承知で、このコメントからバルセロナの2年間の変遷を想像してみる。先にも触れたが、ビジャとペドロの存在は、結局のところ、メッシを生かすことにつながっているのではないだろうか。2年前のプレーモデルと一番大きな違いは、「すべてはメッシを生かす」ことだったかもしれない。

それは、日々のトレーニングと試合の積み重ねの中で、バルセロナというチーム全員の合意の下で自然発生的にできあがったことに違いない。メッシを生かすこと自体はありふれたことのようだが、そこに至るまでの必然とも言える流れの中にある物語には、心惹かれる。クラブの方針でも監督だけの意向でもない。あたかも意志を与えられたかのように振る舞うチームの有り様だ。まったく持って美しくもあり合理的である。

バルセロナというチームはメッシの唯一無二の才能を最大限に生かすことが、最善の方法だと知っていた。こうして、史上最強となったのだ。

バルセロナのプレーモデルは開かれ、進化を続けている。

訳者あとがき

可能な限りバルサ（バルセロナの愛称）を知って現場に立ちたい。

バルサのようなスペクタクルなフットボールを目指してチームづくりをするのが私のグランドでの願いである。

どうすれば、ボールポゼッション力を上げられるのだろうか。

どうすれば、ＧＫからのビルドアップをシュートに結びつけられるのだろうか。

どうすれば、素早くボールを奪い返せるのだろうか。

どうすれば、完全に引いた強固な守備ブロックを崩せるのだろうか。

どうすれば、見ている人たちに感動してもらえるだろうか。

どうすれば、あそこまでフットボールを楽しめるのだろうか。

バルサのことなら、なんでも知りたい。その好奇心に対し、本書は予想を超えた視点で応えてくれた。いや、応えてもらったというよりも自分なりの答えを導き出すための、一つの考え方を伝えてもらったと言ったほうがいい。

この仕事ができて本当によかったと感謝している。

とは言うものの、思い起こせば9カ月間に渡る翻訳作業は実に過酷だった。いつもの無謀な挑戦癖が出て、何とかなるさ！と引き受けたが、私の考えは甘かったようだ。決してなめてかかったわけではないが、翻訳のことを知らなすぎたと思う。これは大いに反省しなくてはなるまい。バルセロナ留学時代にやっていたスポーツ新聞の記事を訳すのとは、まるで、わけが違った。フットボールのことだから、何とかなるだろう、という淡い期待もすぐさま吹き飛んだ。別の仕事をやりながらではあったが、188頁の翻訳に、想像をはるかに超える月日を費やしてしまったのだ。つまりカンゼン編集部と編集担当の李氏の理解と根気、さらには多くの人たちの協力がなければ、この本が世に出ることはなかっただろう。

「あとがき」にこのようなことを書いてはお叱りを受けるかもしれないが、正直に言う。筆者の考えや思いを忠実に受け止めながら、できるだけ解りやすい日本語にしたつもりだが、どこまでできたのかは自信がない。少しでも近づくことができていればと願うが、これが今の私の精一杯の形だ。一つの単語を訳すために本を一冊読んだこともあった。一行訳すのに3日間考え込んだこともあった。ある意味、この翻訳は私のこれまでの知識と経験の集大成だとも感じている。

知識と経験は想像力の源。ぜひとも、本書を手に取ってくださった皆さんには、ご自分の知識と経験をもとに、その大いなる想像力を膨らませて読んでほしい。また、本書がバルサを理想とする指導者の皆さんの力や励みになればと願っている。

私は、理想を追い続ける勇気をもらった。

そして、著者オスカル氏から渡されたバトンを握り締めながら翻訳というフィールドを突っ走ることができた。苦しくも新鮮で充実した時間を味合わせてもらったと自信を持って言えよう。

そんな味わいの中、気になっていたことがあった。それは筆者の自分を含めた監督たちに対する手厳しい批判や、専門家と呼ばれる人々に対する歯に衣着せぬ厳しい意見だった。

「えっ、こんなの訳しちゃっていいの」と正直、ビビった。だが、その一方で筆者のフットボールへの勇気ある愛を感じたのも事実だ。

……きっと愛するフットボールに強い信念を持っているんだ。彼はチーム全体、フットボール界全体を考えている。〝今のこと〟だけではなくフットボールの未来を思い、オスカルは俺たちに信念のバトンを渡そうとしている。自分の立ち位置を守るとか、そんなちっぽけなことなんか考えていない。

また、専門家と呼ばれる人々に対する、日本と西洋の考え方の違いを感じた。５年間のバルセロナ留学時代にも感じていたことだが、西洋では自分の考えを主張することを良きこととする社会通念が定着している。これは一種の習慣の違いのようなもので、全体の和を配慮する我々日本人の中には、訳文に出てくるような専門家の出現は稀だろう。そんな気がした。

私は、フットボールの喜びをグランドの仲間であるプレーヤーやスタッフとともに味わっていきたい。プレーヤーたちが自分で考え、自立し、共存することを強く願う。翻訳作業を終えて、なぜか暁星高校サッカー部の林監督と交わした言葉を思い出した。

「羽中田、おまえは選手を愛せるか」

「はい、愛せます」

「なら、大丈夫だ」

最後になりましたが、信念のバトンを私たちに渡してくれた著者オスカル氏、翻訳という私の大きな挑戦に手を差し伸べてくださったすべての人たち、そして、ＦＣバルセロナに心から感謝します。本当にありがとうございました――。

私は、いつかまた自分がめぐりあえるチームのために、未来のプレーヤーたちにバトンを渡せるようになるために走り続けます。車椅子に乗って。

２０１１年８月７日　羽中田 昌

引用・註釈一覧

※1　Marina, J. A; (2006). *“Aprender a convivir”*. Ariel. Barcelona.

※2　Roger Ciurana, E; (2000). *“Complejidad: elementos para una definición”* en pensamientocomlejo.com.ar.

※3　Capra, F; (1998). *“La trama de la vida”*. Anagrama. Barcelona.

※4　機械論……哲学で、すべての事象の生成変化を自然的、必然的な因果関係によって説明し、目的や意志の介入を認めない立場をいう。

※5　Naydler, J; (1996). *“Goethe y la ciencia”*. Siruela. Madrid.

※6　Marina, J. A; (2004). *“La inteligencia fracasada. Teoría y práctica de la estupidez”*. Anagrama. Barcelona.

※7　Valdano, J; (2001). *“Apuntes del balón”*. La esfera de los libros. Madrid.

※8　Lillo, J; *“Shakespeare y el entrenador contemporáneo”* en Solar, L; (2008). *“Culturas de fútbol”*. Bassarai. Álava.

※9　※3と同じ

※10　Allen Paulos, J; *“Calculamos fatal”*. Entrevista en programa Redes de RTVE. Marzo de 2005.

※11　Roger Ciurana, E; (2000). *“Complejidad: elementos para una definición”* en pensamientocomlejo.com.ar.

※12　Morín, E; (2000). “La mente bien ordenada”. Seix Barral. Barcelona.

※13　Néstor Osorio, S; (2002). *“Aproximaciones a un nuevo paradigma en el pensamiento científico”* en VVAA. *“Manual de iniciación pedagógica al pensamiento complejo”*. UNESCO. Quito.

※14　Bonilla, L; (2004). *“Construcción de la concepción o estilo de juego de un equipo de fútbol: selección y desarrollo de los sistemas de juego para las diferentes fases del mismo”* en *“Ponencias diversas. Tomo I. Colección preparación futbolística”* VVAA. MC SPORTS. Vigo.

※15　※14と同じ

※16 ※14と同じ

※17 Mateo, J. y Valle, J; (2007). *“El trabajo dignifica…y cien mentiras más”*. LID. Madrid.

※18 O`Connor, J. y McDermott, I; (1998). *“Introducción al pensamiento sistémico”*. Urano. Barcelona.

※19 Mateo, J. y Valle, J; (2007). *“El trabajo dignifica…y cien mentiras más”*. LID. Madrid.

※20 Seirul-lo Vargas, F; (2003). *“Sistemas dinámicos y rendimiento en deportes de equipo”*. 1° Meeting of complex systems and sport. INEFC. Barcelona.

※21 La descripción de cada estructura está realizada a partir de Aybar Bejarano, J.J; (2009). *“El lugar de los contenidos psico-caracteriales en la construcción y desarrollo de un modelo de juego, ¿ser o estar?”*. Conferencia para los alumnos del Curso Nacional de Entrenadores. Curso 2008-09. Sevilla.

※22 ※20と同じ

※23 Lillo, J; *“Shakespeare y el entrenador contemporáneo”* en Solar, L; (2008). “Culturas de fútbol”. Bassarai. Álava.

※24 Morín, E; (1998). *“Introducción al pensamiento complejo”*. Gedisa. Barcelona.

※25 Gutiérrez - Cuevas, C; (2004). *“Gestión del conocimiento en la práctica”*. Albricias.

※26 Marina, J. A; (2004). *“Aprender a vivir”*. Ariel. Barcelona.

※27 Mateo, J. y Valle, J; (2007). *“El trabajo dignifica…y cien mentiras más”*. LID. Madrid.

※28 Entrevista en Diario El Mundo realizada por Orfeo Suárez, el 23 de Septiembre de 2008.

※29 決定論……一切の事象、特に自由と考えられている人間の意志やそれに基づく行為は、何らかの原因によってあらかじめ全面的に決定されているとする説。

※30 Lizárraga,C; (2005). *“Ambientes de aprendizaje constructivistas y el sistema Moodle”*. www.cmseducacion.blogspot.com.

※31 行動主義……あらゆる心的現象を内省的方法によらず、外部から客観的に観察しうる行動を通して研究しようとする立場。

※32 Lillo, J. M; (2009). *"Cultura táctica"*. Revista Training Fútbol. número 156. Valladolid.
※33 Morin, E; (1998). *"Introducción al pensamiento complejo"*. Gedisa. Barcelona.
※34 Von Glasersfeld, E; (1995). *"Despedida de la objetividad"* en *"El ojo del observador. Contribuciones al constructivismo"*. Gedisa. Barcelona.
※35 Tamarit, X; (2007). *"¿Qué es la periodización táctica?* MCSports. Pontevedra.
※36 O`Connor, J. y McDermott, I; (1998). *"Introducción al pensamiento sistémico"*. Urano. Barcelona.
※37 Leo Messi en el diario El Mundo Deportivo, el 17 de Enero de 2009.
※38 Xavi Hernández en diario El País, el 01 de Julio de 2008.
※39 Guardiola en Diario Sport, el 11 de Enero de 2009.
※40 En Amieiro, N; (2007). *"Defensa en zona en fútbol"*. MC Sports. Pontevedra.
※41 Entrevista en Diario El País. 25 de Febrero de 2009.
※42 Menotti, C. L; (2005). *"Conferencia en el II Congreso Internacional de Fútbol de O Grove"*. Pontevedra.
※43 Lillo J. M; (2007). *"Conversación sobre fútbol"*. Training Fútbol número 135. Valladolid.
※44 Pep Guardiola en rueda de prensa a la finalización del clásico Barcelona – Real Madrid, disputado el 13 de Diciembre de 2008.
※45 Entrevista en Diario El País del 25 de Febrero de 2009.
※46 Lillo J. M; (2007). "Conversación sobre fútbol". Training Fútbol número 135. Valladolid.
※47 García, R; (2006). "Sistemas Complejos. Conceptos, método y fundamentación epistemológica de la investigación interdisciplinaria. Gedisa. Barcelona.
※48 Valdano, J; (2001). *"Apuntes del balón"*. La Esfera. Madrid.
※49 Savater, F; (2008). *"La aventura de pensar"*. Debate. Barcelona.
※50 Marina, J. A; (2006). *"Aprender a convivir"*. Ariel. Barcelona.
※51 Ávila Fuenmayor, F; (2002). *"Los conceptos de azar y arte en Jorge Wagensberg"*. A parte rei, número 20.

Madrid.
※52 Menotti, C. L; (2008). Entrevista para www.elsuple.com. Octubre de 2008.
※53 O`Connor, J. y McDermott, I; (1998). "Introducción al pensamiento sistémico". Urano. Barcelona.
※54 Goleman, D; (2000). *"El espíritu creativo"*. Ediciones Vergara. Argentina.
※55 Rojas Marcos, L; (2005). *"La fuerza del optimismo"*. Aguilar. Madrid.
※56 Carretero, M; (1987). *"Desarrollo cognitivo y educación"*. Cuadernos de pedagogía, número 53. Barcelona.
※57 O`Connor, J. y McDermott, I; (1998). *"Introducción al pensamiento sistémico"*. Urano. Barcelona.
※58 Maturana, H; (1995). *"La realidad ¿objetiva o construida? Fundamentos biológicos de la realidad*. Anthropos. Barcelona.
※59 Galeano, E; (2008). Entrevista realizada en el programa "Ratones coloraos", el 27 de Mayo de 2008.
※60 Declaraciones realizadas al diario El País, el 17 de Septiembre de 2002.
※61 Savater, F; (2008). *"La aventura de pensar"*. Debate. Barcelona.
※62 Torres Soler, L. C; (2005). *"Sistemas complejos"*. Editores Gamma. Bogotá.
※63 Mateo, J. y Valle, J; (2007). *"El trabajo dignifica…y cien mentiras más"*. LID. Madrid..
※64 Diccionario de la Real Academia de la Lengua Española. Vigésima Segunda Edición (2001). Espasa. Madrid.
※65 Artículo de Luis Martín, titulado "La piedra filosofal del Barça se llama Iniesta". Diario El País. 11 de Marzo de 2009.
※66 Marina, J. A; (2004). "Aprender a vivir". Ariel. Barcelona.
※67 エドガール・モラン著　『複雑性とはなにか』（国文社）より
※68 Luhmann, N; (1982). "The differentiation of society". Columbia University Press. New York.
※69 Marina, J. A: (2006). "Aprender a convivir". Ariel. Barcelona.

※70 Punset, E; (2004). "Adaptarse a la marea". Espasa Calpe. Madrid.

※71 Declaraciones al Diario Sport, el 10 de Octubre de 2008.

※72 "Pegamento hasta 2014". El Mundo Deportivo. 07 de Diciembre de 2008.

※73 Castelo, J. en Tamarit, X, (2007). "¿Qué es la periodización táctica? MC Sports. Pontevedra.

※74 Boisier, S. "¿Y si el desarrollo fuese una emergencia sistémica?". Versión revisada en 2002. www.grupo-chorlavi.org

※75 Capra, F; (2003). "Las conexiones ocultas". Anagrama. Barcelona.

※76 Hennessey, Noguera, H; (2005). "Competencias para crear equipos inteligentes". Revista Chasqui, 85. Quito. Ecuador.

※77 Entrevista en El Mundo Deportivo, el 25 de Marzo de 2009.

※78 Bayer, C; (1986). "La enseñanza de los juegos deportivos colectivos". Hispano Europea. Barcelona.

※79 Mateo, J. y Valle, J; (2007). "El trabajo dignifica…y cien mentiras más". LID. Madrid.

※80 Declaraciones en rueda de prensa el 30 de Noviembre de 2008.

※81 Entrevista concedida al Diario Sport, el 13 de Octubre de 2008.

※82 Declaraciones al Mundo Deportivo, el 20 de Noviembre de 2008.

※83 Entrevista en Diario El País. 05 de Febrero de 2009.

※84 Chillida, E; (1997). Entrevista extraída de www.undo.es/larevista. Nº 94. Agosto1997.

※85 Les recomendamos la lectura de sus libros: "Táctica grupal ofensiva", editado por Gymnos en 1998, y "Táctica grupal defensiva", publicado en 2002 por el Grupo Editorial Universitario.

※86 La definición de las regularidades en esta subfase ha sido responsabilidad, en un alto porcentaje del contenido de la misma, de Antonio Barea Villegas, colaborador indispensable para que estas páginas pudieran ser lo que son en el pa. Concepto, estructura y metodología". Gymnos. Madrid.

参考文献　一覧

- Allen Paulos, J; “Calculamos fatal”. Entrevista en programa Redes de RTVE. Marzo de 2005.
- Alonso, C, Gallego, D. y Honey, P; (1997). “Los estilos de aprendizaje”. Ediciones Mensajero. Bilbao.
- Amieiro, N; (2007). “Defensa en zona en fútbol”. MC Sports. Pontevedra.
- Antón, J; (1998). “Táctica grupal ofensiva”. Gymnos. Barcelona.
- Antón, J; (2002). “Táctica grupal defensiva”. Grupo Editorial Universitario. Granada.
- Antón, J; (2004). “Análisis evolutivo, estructural y funcional del sistema defensivo 6:0”. Grupo Editorial Universitario. Granada.
- Antón, J; (2006). “Análisis evolutivo, estructural y funcional del sistema defensivo 5:1”. Granada.
- Ávila Fuenmayor, F; (2002). “Los conceptos de azar y arte en Jorge Wagensberg”. A parte rei, número 20. Madrid.
- Aybar Bejarano, J. J; (2009). “El lugar de los contenidos psico-caracteriales en la construcción y desarrollo de un modelo de juego, ¿ser o estar?”. Conferencia para los alumnos del Curso Nacional de Entrenadores. Curso 2008-09. Sevilla.
- Bayer, C; (1986). “La enseñanza de los juegos deportivos colectivos”. Hispano Europea. Barcelona.
- Bonil, J; y col. (2004). “Un nuevo marco para orientar respuestas a las dinámicas sociales: el paradigma de la complejidad”. Investigación en la escuela, nº 53.
- Bonilla, L; (2004). “Construcción de la concepción o estilo de juego de un equipo de fútbol: selección y desarrollo de los sistemas de juego para las diferentes fases del mismo” en “Ponencias diversas. Tomo I. Colección preparación futbolística” VVAA. MC SPORTS. Vigo.
- Boisier, S. “¿Y si el desarrollo fuese una emergencia sistémica?”. Versión revisada en 2002. www.

grupochorlavi.org
- Chillida, E; (1997). Entrevista extraída de www.elmundo.es/larevista. Nº 94. Agosto1997.
- Capra, F; (1998). "La trama de la vida". Anagrama. Barcelona.
- Capra, F; (2003). "Las conexiones ocultas". Anagrama. Barcelona.
- Carneiro, M; (2005). "De hormigas y personas. Management para la complejidad y el caos organizativo". ESIC. Madrid.
- Carretero, M; (1987). "Desarrollo cognitivo y educación". Cuadernos de peda gogía, número 53. Barcelona.
- Coromoto Salazar, I; (2004). "El paradigma de la complejidad en la investigación social". Educere. Artículos arbitrados. Año 8. Número 24.
- García, R; (2006). "Sistemas Complejos. Conceptos, método y fundamentación epistemológica de la investigación interdisciplinaria. Gedisa. Barcelona.
- Goleman, D; (2000). "El espíritu creativo". Ediciones Vergara. Argentina.
- Gómez, Marín, R. y Jiménez, J. A.; (2002). "De los principios del pensamiento complejo", en "Manual de iniciación pedagógica al pensamiento complejo". UNESCO.
- Gutiérrez, E; (2005). "Un mundo complejo que se autoorganiza". Revista rebeldía. México.
- Gutiérrez - Cuevas, C; (2004). "Gestión del conocimiento en la práctica". Albricias.
- Hennessey, Noguera, H; (2005). "Competencias para crear equipos inteligentes". Revista Chasqui, 85. Quito. Ecuador.
- Krishna, P; (2004). "La percepción holística de la realidad". Traducción de Salvador Rojas. Documento del Centro de Educación de Rajghat. Fundación Krishnamurti de la India.
- Lillo J. M; (2007). "Conversación sobre fútbol". Training Fútbol número 135. Valladolid.
- Lillo, J; "Shakespeare y el entrenador contemporáneo" en Solar, L; (2008). "Culturas de fútbol". Bassarai. Álava.

- Lillo, J. M; (2009). "Cultura táctica". Revista Training Fútbol Número 156. Valladolid.
- Lizárraga, C; (2005). "Ambientes de aprendizaje constructivistas y el sistema Moodle". www.cmseducacion.blogspot.com.
- Luhmann, N; (1982). "The differentiation of society". Columbia University Press.New York.
- Marina, J. A; (1995). "Teoría de la inteligencia creadora". Anagrama. Barcelona.
- Marina, J. A; (2004). "Aprender a vivir". Ariel. Barcelona.
- Marina, J. A; (2004). "La inteligencia fracasada. Teoría y práctica de la estupidez". Anagrama. Barcelona.
- Marina, J. A; (2006). "Aprender a convivir". Ariel. Barcelona.
- Moraes, C. M; (2001). "Tejiendo una red, pero, ¿con qué paradigma?". Recuperado de la web www.sentipensar.net
- Mateo, J. y Valle, J; (2007). "El trabajo dignifica···y cien mentiras más". LID.Madrid.
- Maturana, H; (1995). "La realidad ¿objetiva o construida? Fundamentos biológicos de la realidad. Anthropos. Barcelona.
- Menotti, C. L; (2005). "Conferencia en el II Congreso Internacional de Fútbol de O Grove". Pontevedra.
- Menotti, C. L; (2008). Entrevista para www.elsuple.com. Octubre de 2008.
- Morín, E; (1998). "Introducción al pensamiento complejo". Gedisa. Barcelona.
- Morín, E; (1999). "L´intelligence de la complexité". L´Harmattan. París.
- Morín, E; (2000). "La mente bien ordenada". Seix Barral. Barcelona.
- Munné, F; (2004). "El retorno a la complejidad y la nueva imagen del ser humano: Hacia una psicología compleja". Revista Interamericana de psicología. Nº 38.
- Muria Villa, I; (1994). "La enseñanza de las estrategias y las habilidades metacognitivas". Revista Perfiles Educativos, número 65. UNAM. México.
- Naydler, J; (1996). "Goethe y la ciencia". Siruela. Madrid.

- Néstor Osorio, S; (2002). "Aproximaciones a un nuevo paradigma en el pensamiento científico" en VVAA. "Manual de iniciación pedagógica al pensamiento complejo". UNESCO. Quito.
- O`Connor, J. y McDermott, I; (1998). "Introducción al pensamiento sistémico". Urano. Barcelona.
- Pozo Municio, I; (2002). "Aprendices y maestros. La nueva cultura del aprendizaje". Alianza editorial. Madrid.
- Punset, E; (2004). "Adaptarse a la marea". Espasa Calpe. Madrid.
- Roger Ciurana, E; (2000). "Complejidad: elementos para una definición" enpensamientocomlejo.com.ar.
- Rojas Marcos, L; (2005). "La fuerza del optimismo". Aguilar. Madrid.
- Savater, F; (2008). "La aventura de pensar". Debate. Barcelona.
- Seirul-lo Vargas, F; (2003). "Sistemas dinámicos y rendimiento en deportes de equipo". 1° Meeting of complex systems and sport. INEFC. Barcelona.
- Tamarit, X; (2007). "¿Qué es la periodización táctica? MCSports. Pontevedra.
- Torres Soler, L. C; (2005). "Sistemas complejos". Editores Gamma. Bogotá.
- Valdano, J; (2001). "Apuntes del balón". La esfera de los libros. Madrid.
- Wagensberg, J; (1985). "Ideas sobre la complejidad del mundo". Tusquets. Barcelona.

◉著者プロフィール

オスカル・ペドロ・カノ・モレノ Oscar Pedro Cano Moreno

1972年11月11日生まれ。国籍スペイン。

スペインサッカー連盟　プロ監督　レベル3取得。

下部組織のカテゴリーからトップクラスのチームでの監督経験を持つ。プロとしてのプレー経験はないもののフットボールへの強い愛情と旺盛な好奇心により、多分野からフットボールを学ぶ。また、監督や指導者への教育の豊かな経験を生かし、数多くの講演やフットボールに関する指導者講習会も行っている。執筆家としての才能も発揮し多くの専門誌や新聞にコラムを発表。


【監督のキャリア】

2004-2005	C.D. インペリオール　デ　アルボロテ（グラナダ）	スペイン4部リーグ
2005-2006	アレナス　デ　アルミージャ　C. y D.(グラナダ)	スペイン4部リーグ
2006-2007	C.D. バサ　（グラナダ）	スペイン3部リーグ
2007-2008	グラナダ　C.F.(グラナダ)	スペイン3部リーグ
2008-2009	グラナダ　C.F.(グラナダ)	スペイン3部リーグ
2009-2010	ポリデポルティーボ　エヒド（アルメリア）	スペイン3部リーグ
2010	U.D. サラマンカ（サラマンカ）	スペイン2部リーグ

本書以外の出版物として下記の2冊がある。
"Fútbol. Entrenamiento global basado en la interpretación del juego".
Editorial Wanceulen. Sevilla. 2001
"Colección preparación futbolística. Ponencias diversas. Tomo I".
Editorial M. C. Sports. Pontevedra. 2004

◉訳者プロフィール

羽中田 昌（はちゅうだ まさし）

1964年7月19日生まれ。山梨県甲府市出身。

サッカーの名門・韮崎高校に進学し、2年連続全国大会準優勝。高校卒業後、交通事故に遭い脊髄を損傷。下半身不随の生活を余儀なくされる。1995年、9年間勤めた山梨県庁を退職し、スペイン・バルセロナにコーチ留学。

5年間の留学期間中、スペインサッカー連盟主催のコーチングスクールにて聴講生として2年間、学ぶ。また、バルセロナ近郊のチーム、セントレ・エスポルト・オスピタレットのフベニール（17､18歳のチーム）に帯同､現場で指導法を学ぶ。帰国直前にはヨーロッパ50日間の旅を敢行。11カ国のフットボールを目の当たりにした。

2000年に帰国。SkyPerfecTV! やJスポーツのサッカー解説や執筆活動を続ける傍ら､暁星高校サッカー部のコーチを務める。

2006年、日本サッカー協会S級ライセンスを取得。2008～2009年、四国社会人リーグ・カマタマーレ讃岐の監督に就任する。ＦＣバルセロナ・ソシオ会員。

主な著書に『グラシアス サッカーからの贈り物』（四谷ラウンド）､『夢からはじまる』（集英社）､『サッカー監督の流儀』（スキージャーナル）などがある。

※本文でのバルセロナに関する記述は、原書が刊行された2009年時点におけるもので、2008-2009シーズンのバルセロナをベースに言及しています。
※「訳者まえがき」「訳者あとがき」「訳者試合分析 2010-2011CL ファイナルを振り返って」は原書には含まれていませんが、日本語版で独自に追加しています。

カバー・本文デザイン――山田英春
カバーフォト――アフロ
編集協力――岩本勝暁
翻訳協力――上野伸久（INFINI JAPAN PROJECT）

バルセロナが最強なのは必然である

グアルディオラが受け継いだ戦術フィロソフィー

発行日　2011年9月13日　初版

著者……………オスカル・P・カノ・モレノ
訳者……………羽中田昌
発行人…………坪井義哉
発行所…………株式会社カンゼン
〒101-0021　東京都千代田区外神田2-7-1 開花ビル4F
TEL 03(5295)7723　FAX 03(5295)7725
http://www.kanzen.jp/
郵便振替　00150-7-130339

印刷・製本……株式会社シナノ

ISBN 978-4-86255-102-3　Printed in Japan
定価はカバーに表示してあります。

●本書に関するご意見、ご感想に関しましては、kanso@kanzen.jpまでEメールにてお寄せ下さい。お待ちしております。

マンチェスター・ユナイテッド クロニクル

世界で最も「劇的」なフットボールクラブの130年物語

ジム・ホワイト 著　東本貢司 訳

定価 2,940円（税込）　ISBN 978-4-86255-041-5

全世界7500万人のファンを誇る至高のクラブ『マンU』のヒストリーブック。130年に及ぶ華麗で壮大なドラマが600ページという大ボリュームで描かれた究極本。

サッカーゴールキーパーバイブル

加藤好男 監修　アレックス・ウェルッシュ 著　平野淳（ファンルーツ）訳

定価 2,310円（税込）　ISBN 978-4-901782-55-5

英国 GK コーチ養成の場で使用されている教本が日本語版で登場。現代サッカーのゴールキーパーに必要とされる、世界基準の英国 GK プログラムを収録。

日曜日のピッチ

父と子のフットボール物語

ジム・ホワイト 著　東本貢司 訳

定価 1,764円（税込）　ISBN 978-4-86255-069-9

舞台はとあるロンドン郊外、日曜日のピッチ。U-14チームを預かる監督の父親とその息子以下の少年プレーヤーたちが織り成す“涙と笑いと感動”のスポーツ小説。

世界のサッカー応援スタイル

サッカー批評編集部 編

定価 1,764円（税込）　ISBN 978-4-86255-044-6

カリスマサッカー雑誌編集部による、世界20ヶ国、43クラブの“ゴール裏の世界”を巡る一冊。“12番目の選手”と呼ばれる人たちの存在をリアルに紐解いていく。

ワールドサッカー歴史年表

サッカー批評編集部 編

定価 1,680円（税込）　ISBN 978-4-86255-015-6

サッカーの起源から現代まで、膨大な歴史から読み解くワールドサッカーの歴史。80年というサッカー史を膨大な資料をベースに網羅した初のアーカイブ本。

サッカースカウティングレポート
超一流のゲーム分析

小野剛 著

定価 1,680円（税込）　ISBN 978-4-86255-037-8

日本で初めてスカウティング＝戦力分析を行なった小野剛による初著書。戦力分析のスペシャリストのノウハウをすべて開示。サッカーの本質を知るための一冊。

サッカープレーヤーズレポート
超一流の選手分析術

小野剛 著

定価 1,680円（税込）　ISBN 978-4-86255-085-9

シャビ、イニエスタ、フォルラン、メッシといった進化系プレーヤーを、スカウティングのプロが徹底解析。サッカーは進化し続ける。

サッカープロフェッショナル超観戦術
プロ基準で見るゲーム分析の極意

林雅人 監修　川本梅花 著

定価 1,680円（税込）　ISBN 978-4-86255-059-4

オランダサッカー協会公認1級・UEFA公認A級を取得している林雅人による"戦術IQ"が上がるサッカーの教科書。プロの試合観戦メソッド、初公開！

サッカーボーイズ 明日への絆
君のためならがんばれる

清水久美子 著

定価 1,500 円（税込）　ISBN 978-4-86255-051-4

脳腫瘍と闘った一人のサッカー少年と家族・仲間の家族愛と友情を描いた感動の実話。彼のために自分は何ができるのだろうか。人生とスポーツの原点がここにある。

高校サッカー勝利学
"自立心"を高める選手育成法

本田裕一郎 著

定価 1,680 円（税込）　ISBN 978-4-86255-033-0

流通経済大柏高校で高校サッカー３冠を制した名将が初めて明かした独自の選手育成法。現場のサッカー指導者、高校サッカーファン必読の書。

サッカー バルセロナ戦術アナライズ

最強チームのセオリーを読み解く

西部謙司 著
定価1,680円（税込） ISBN 978-4-86255-090-3

クライフが率いたドリームチームから受け継がれるバルセロナの哲学。スペインでの取材や多数の映像から導き出されたものとは何か。人気のクロニクルシリーズ第3弾！

サッカー戦術クロニクル

トータルフットボールとは何か？

西部謙司 著
定価 1,575円（税込） ISBN 978-4-86255-016-3

サッカーを知るうえで「戦術」は永遠のテーマである。ワールドサッカーの現代史を初めて「戦術」という観点からスポットを当てた、本格的な戦術史解説書。

サッカー戦術クロニクルII

消えた戦術と現代サッカーを読む

西部謙司 著
定価 1,575円（税込） ISBN 978-4-86255-046-0

現代サッカーを体現するスペイン代表、バルセロナの戦術解説や、カウンターアタック、マンツーマンなどの戦術の変遷を取り上げる。ベストセラー待望の第2弾。

これからの「日本サッカー」の話をしよう

旧ユーゴスラビア人指導者からの真摯な提言

ズドラヴコ・ゼムノビッチ / 西部謙司 著
定価 1,470円（税込） ISBN 978-4-86255-078-1

オシム、ストイコビッチ、ボラ…数多の名将を生んだサッカー伝統国からいま学ぶべきこと。二人の識者が語る日本サッカーがもっと成長するための提言とは。

地域スポーツクラブが目指す理想のクラブマネジメント

ソシオ制度を学ぶ

谷塚哲 著
定価1,785円（税込） ISBN 978-4-86255-070-5

地域スポーツクラブも参考にしたいバルサ流クラブマネジメント。理想的なクラブ運営の答えがここにある。日本初の“ソシオ制度本格ガイド本”。

Life with Soccer by
KANZEN